Jesus é 10!

Pe. WILLIAM ALVES BRINI

Jesus é 10!

**Pré-Crisma
Livro do Catequista**

SANTUÁRIO

DIRETOR EDITORIAL:
Marcelo C. Araújo, C.Ss.R.

COORDENAÇÃO EDITORIAL:
Ana Lúcia de Castro Leite

COPIDESQUE E REVISÃO:
Leila Cristina Dinis Fernandes

DIAGRAMAÇÃO E CAPA:
Bruno Olivoto

ILUSTRAÇÕES:
Reinaldo Silva

Dados Internacionais de Catalogação na Publicação (CIP)
(Câmara Brasileira do Livro, SP, Brasil)

Brini, William Alves
    Jesus é 10!: pré-crisma: livro do catequista / William Alves Brini. - Aparecida, SP: Editora Santuário, 2014.

    Bibliografia.
    ISBN 978-85-369-0330-9

1. Catequese - Igreja Católica 2. Catequistas 3. Crisma - Estudo e ensino I. Título.

13-12362   CDD-234.162

Índices para catálogo sistemático:

1. Crisma: Preparação: Teologia dogmática cristã 234.162

Todos os direitos reservados à **EDITORA SANTUÁRIO** – 2014

Composição, CTcP, impressão e acabamento:
EDITORA SANTUÁRIO - Rua Padre Claro Monteiro, 342
12570-000 - Aparecida-SP - Fone: (12) 3104-2000

O QUE TEMOS NESTE LIVRO?

APRESENTAÇÃO 7

A SURPREENDENTE VIDA DE JESUS CRISTO
A OBRA DO ESPÍRITO SANTO EM JESUS 11

1º Tema – Esquentando os motores 13
2º Tema – Mistérios da Alegria (Ambientação) 17
3º Tema – A Anunciação 21
4º Tema – A visitação 23
5º Tema – O nascimento de Jesus 25
6º Tema – A apresentação de Jesus no templo 27
7º Tema – Jesus perdido e encontrado no templo 31
           Celebração dos Mistérios da Alegria (Terço missionário) 32

8º Tema – Mistérios da Luz (Ambientação) 33
9º Tema – Batismo e tentação de Jesus 37
10º Tema – As Bodas de Caná 39
11º Tema – Jesus anuncia o Reino de Deus 43
12º Tema – A Transfiguração de Jesus 45
13º Tema – A Santa Ceia (Jesus institui a Eucaristia) 49
           Celebração dos Mistérios da Luz (Terço missionário) 50

14º Tema – Mistérios da Dor (Ambientação) 51
15º Tema – A agonia de Jesus no Horto das Oliveiras 55
16º Tema – Jesus é açoitado por ordem de Pilatos 57
17º Tema – Jesus é coroado de espinhos 59
18º Tema – Jesus carrega a cruz às costas 61
19º Tema – Crucificação e morte de Jesus 65
           Celebração dos Mistérios da Dor (Terço missionário) 66

20º Tema – Mistérios da Glória (Ambientação) 67
21º Tema – A ressurreição de Jesus 69
22º Tema – A ascensão de Jesus aos céus 71
23º Tema – A vinda do Espírito Santo sobre Maria e os Apóstolos 75
24º Tema – A Assunção de Nossa Senhora 77
25º Tema – A coroação de Nossa Senhora como Rainha do Céu e da Terra 81
           Celebração dos Mistérios da Glória (Terço missionário) 82

26º Tema – Expressando a nossa fé! 83

Preparando as atividades 85
Referências bibliográficas 117

NOTAS

Os encontros de Pré-crisma serão preparados pelo catequista e dois jovens catequizandos, para "encarnar" os temas na realidade dos jovens, assim como despertar neles o gosto para, um dia, serem catequistas.

Ao escolher a sua Bíblia (imprescindível tê-la consigo), escolha uma que traga um pequeno índice bíblico-pastoral (dicionário). Vai ajudá-lo em suas pesquisas. Aqui as passagens bíblicas foram retiradas da Bíblia Sagrada de Aparecida da Editora Santuário.

A catequese de Pré-crisma "Jesus é 10!" é uma proposta para DOIS ANOS DE CATEQUESE (26 temas). Ao preparar a programação da catequese, os catequistas levarão isso em consideração.

ATENÇÃO: Preparar o encontro "VINDE E VEDE!". É a abertura da catequese. Esse encontro deve ser preparado com pelo menos dois meses de antecedência. Esquema aqui no livro do catequista.

APRESENTAÇÃO

Querida catequista,
querido catequista!
Paz e bem!
Você tem em mãos o
JESUS É 10! Pré-Crisma.

Orientações iniciais

a) Você que se dispõe a trabalhar com o **"JESUS É 10! Pré-crisma"** faça o seguinte exercício de observação (não se precipite, gaste o tempo que achar necessário).

Sem dúvida, você já se dedicou a observar as pessoas a seu redor, talvez crianças, adolescentes ou jovens, parentes ou amigos. Aliás, é próprio do ser humano observar e tirar conclusões e suas observações. É o que você fará agora. Durante a observação, pense que terá pela frente um desafio e tanto: ser o catequista orientador de um grupo de adolescentes crismandos este ano. Não será tarefa fácil, e você sabe disso. Que este exercício possa ajudá-lo!

1. Vá para um lugar onde seja mais fácil você fazer sua tarefa e onde esses jovens estejam: pode ser um shopping, um barzinho, porta de cinema, de escola etc.
2. E como quem não quer nada, e já querendo alguma coisa, observe:

— Eles se interessam por jogos? De que tipo? Usam a imaginação quando jogam?
— Gostam de viver em grupo? Como esses grupos são organizados? Como funcionam? Têm regras? Quais? Tem algum tipo de vício? Qual?
— Gostam de histórias? De que tipo? Gostam de ler? O que leem? Gostam de computadores? Como os utilizam? Gostam de navegar na internet?
— Gostam de ir ao cinema? Qual o tipo de filme que preferem?
— Gostam de festas? Como são essas festas? Qual o tipo de lazer que preferem? O que mais gostam de fazer nas horas livres?
— Gostam de conversar? Como são essas conversas? Sobre quais coisas gostam de conversar?
— Fazem coleções? Sobre o quê? O que mais gostam de fazer?
— Gostam de música? De que tipo? Gostam de dançar?
— Gostam de atividades manuais? De que tipo?
— Com relação ao outro sexo como é o comportamento? O que pensam do sexo? Do namoro? Das relações sexuais? Do casamento?

– Eles pensam em profissão? Como? Em quais? Estudam? Trabalham?

– Como encaram a religião? Praticam alguma coisa? Estão ligados a algum grupo ou movimento? Quais?

– Quais são os maiores problemas do jovem hoje?

Se você puder fazer essa observação juntamente com outro catequista, pode ser de utilidade na hora de conversar e tirar conclusões para o trabalho de vocês. Anote tudo cuidadosamente. Se for o caso pode entrevistar alguns jovens que estejam dispostos a isso e queiram falar francamente...

A PERGUNTA FINAL SERÁ (para você responder):

Então, como deve ser nossa catequese? Como fazer uma catequese mais atraente? Continue anotando tudo cuidadosamente. E de posse de suas anotações comece a preparar seus encontros.

LEIA COM ATENÇÃO **O LIVRO TODO** ANTES DE COMEÇAR A TRABALHAR COM ELE. Para que você possa descobrir todas as opções que o livro lhe pode proporcionar.

b) Em Estudos da CNBB número 61, *"Orientações para a Catequese da Crisma"*, encontramos, no número 51, o seguinte alerta:

"Existem métodos libertadores e métodos impositivos. Por isso é importante o constante questionamento: Que tipo de Igreja, de comunidade, de jovens queremos formar? Repetidores de conteúdos e sistemas, submissos, alienados, desligados da comunidade, que apenas querem um rito sacramental, ou jovens conscientes, com senso crítico, com visão da realidade, sujeitos da história e líderes capazes de assumir os compromissos da Igreja?"

E então vai sugerindo **como deve ser a catequese de crisma**: estará estruturada em pequenos grupos, que não se limitará apenas ao estudo, mas a verdadeiras comunidades de vivência afetiva, de amizade, de compromisso; enraizada na realidade, na experiência dos crismandos; grupo no qual todos têm a oportunidade de participar e dialogar; promover a libertação pessoal, grupal, comunitária, social; saberá promover a interação fé e vida; "as celebrações são parte integrante deste método" (cf. n. 52).

O número 53 trata da necessidade de equipe: "Todo o processo seja preparado por uma equipe (*catequistas, crismandos, pais, o pároco*) que reflita, analise, estude", **prepare os encontros e as diversas atividades**, "acompanhe e avalie a caminhada, e prepare as celebrações".

c) Nossa proposta metodológica atenderá a tudo isso que o estudo da CNBB pede, ajudando sua tarefa de catequista. **A acolhida, a recreação, a história, a canção e as atividades, que são as partes que todo e qualquer encontro deve ter, aliadas a celebrações e atividades diversificadas, vão ajudá-lo a realizar uma catequese realmente libertadora e participativa conforme é a proposta do documento.**

d) Como nosso texto é direcionado para jovens que vivem na cidade em alguns momentos, sugerimos que realizem algumas atividades utilizando a internet; sabemos, porém, que existem jovens rurais que também têm acesso a esse recurso. Caso o recurso não esteja disponível, **vamos adaptar!**

e) Em nossa catequese, que batizamos com o nome de Pré-Crisma, **acentuaremos** e privilegiaremos:

– **a atividade, a experiência, o fazer,** sobre a **formação de conceitos**;
– **a percepção** sobre a informação;
– **as atitudes** sobre os fatos e acontecimentos;
– **a aprendizagem significativa** sobre a aprendizagem informativa;
– **a criatividade** sobre o receber tudo pronto;
– **a confiança em si mesmo** sobre o apoiar-se sobre os outros;
– **a espontaneidade** sobre o condicionamento;
– **a capacidade do que ainda existe por fazer, do futuro,** sobre o já feito, o passado.

f) E levaremos em conta algumas **necessidades**:
– necessidade de partir da vida e da própria experiência na educação fé;
– necessidade do **conflito na educação**, de partir de situações problemáticas, mas sem superar a capacidade dos catequizandos;
– necessidade de atividades, de trabalhos em equipe, de compaginar a educação individualizada e socializada;
– necessidade de **incorporar o jogo** neste processo educativo e resgatar seu valor formativo;
– necessidade de despertar a originalidade de cada um e a criatividade individual e grupal;
– necessidade de lançarmos mão das técnicas modernas de observação e experimentação, assim como de todos os meios audiovisuais por seu valor intuitivo;
– necessidade da **educação total do indivíduo**, e não somente alimentar a inteligência com um acúmulo de verdades;
– necessidade de trabalhar o senso crítico através de uma relação mais autêntica e madura com o catequizando, promovendo seu crescimento e trabalhando a comunicação consigo mesmo e com os outros; ajudá-lo a superar a superficialidade de seus julgamentos;
– necessidade de mostrar-lhes **referenciais sadios**, verdadeiros modelos a serem imitados. (Estamos na etapa da identificação com o herói, com o ídolo, que o jovem quer seguir e copiar. Tais modelos devem ser norteadores. Momento de apresentar nosso modelo **Jesus Cristo**. Propor uma opção por Ele.)

1. Assinale o que mais chamou sua atenção no texto.
2. Com base no texto, tente caracterizar como será sua catequese de Pré-Crisma.
3. Com base no texto, o que você acha que vai precisar mudar **em seu jeito de ser** para que sua catequese dê certo?

UM LEMBRETE IMPORTANTE PARA TODOS OS ENCONTROS:

OS DEZ MANDAMENTOS DE UMA "BOA ACOLHIDA"

1. Acolher é preparar o ambiente de acordo com o tema do encontro.
2. Acolher é eliminar cadeiras, carteiras; é colocar tapetes e almofadas; é fazer um ambiente aconchegante! É eliminar tudo aquilo que nos lembre um ambiente escolar ultrapassado.

3. Acolher é evitar ser professor para o catequizando que tampouco é seu aluno.

4. Acolher é conversar com todos e cada um para saber como estão e como passaram a semana.

5. Acolher é chegar primeiro e sair por último.

6. Acolher é preparar bem e cuidadosamente cada encontro.

7. Acolher é valorizar cada membro de seu grupo, cada catequizando.

8. Acolher é visitar as famílias.

9. Acolher é manter o ambiente catequético sempre limpo, antes, durante e depois do encontro.

10. Acolher é ter vida de fé e oração.

Tudo isso exige do educador-catequista um mergulho no educando-catequizando para ver o mundo como ele o vê; partir da vida e da experiência própria do outro; abster-se de apresentar seus próprios valores diante dos pontos de vista do outro; aceitá-lo incondicionalmente em um clima de autenticidade com ele e consigo mesmo; criar, enfim, um clima de relação plenamente humana.

A SURPREENDENTE VIDA DE JESUS CRISTO

A OBRA DO ESPÍRITO SANTO EM JESUS

1º Tema
Esquentando os motores!

ACOLHIDA

O ambiente estará preparado de acordo com o tema que envolve Jesus e o Espírito Santo. Painéis, cartazes, altar com Bíblia, flores, velas. Reler as "dicas" da boa acolhida. Nada de carteiras e cadeiras. Tapetes e almofadas. Na primeira parte vimos a ação do Espírito em Maria. Agora a ação do mesmo Espírito em Jesus e sua missão.

RECREAÇÃO

Gatos e ratos aos pares

Formação: Os participantes colocam-se em duas colunas paralelas e voltadas em direções opostas. Uma coluna será a dos gatos e a outra dos ratos. Cada gato tem seu rato determinado.

Desenvolvimento: Dado o sinal combinado as colunas caminham para frente, indo, portanto, uma contrária à outra, afastando-se cada vez mais. Dado um segundo sinal, todos correm, cada gato procurando pegar seu rato. Quando um gato conseguir pegar seu rato, estes voltam para a posição inicial, até que o último par chegue.

Final: Quando todos chegarem, inicia-se novamente o jogo, invertendo os papéis: os gatos serão ratos e os ratos serão gatos.

Converse com seu grupo: – O que aprendemos com o jogo?

HISTÓRIA

O Náufrago – Prepare a história com muito cuidado, carinho e *criatividade*, porque seu catequizando já conhece. Torne esse momento o mais atraente possível.

Canção: Sobre Jesus e o que Ele fez e faz em nossas vidas. À escolha.

ATIVIDADES

Vocês se organizarão com o propósito de desenvolver as atividades que assinalamos em seguida. Busquem o apoio de pessoas na comunidade que tenham costume com esse tipo de atividade. Antes de terminar esse encontro, o grupo determinará o que fará, como fará e quem vai responsabilizar-se por coordenar cada proposta.

a) Conhecendo um pouco mais o funcionamento da sociedade no tempo de Jesus (Roteiro de pesquisa)

Em sua Bíblia você encontrará informações importantes antes de cada livro e nas anotações nos rodapés das páginas. Nelas existem também mapas. Faça, juntamente com seu catequizando, o roteiro de pesquisa. Acrescente o que seja de interesse do grupo.

1. Levantamento de mapas da época; preparar um MURAL (que pode ser no próprio local dos encontros).

2. Levantamento do estilo das construções; as casas da época.

3. Questões gerais de política e religião; os grupos religiosos e políticos (os escribas, os fariseus, os saduceus, os herodianos, os essênios); sociedade teocrática; sua relação com os romanos.

4. Como era medido o tempo, as horas, as vigílias etc. Nome dos meses: faça uma pesquisa sobre os meses e a sua relação com nossos meses. Elaborar uma tabela.

Como era medido o tempo:

– O ano era dividido em meses lunares de 29 dias. O primeiro mês era o de Nisan, correspondente a *março* ou *abril*. E os outros meses? Quais eram?

– O dia era dividido em 12 horas, formando quatro grupos de três horas:
- nascer do sol: seis horas;
- terceira hora: nove horas;
- sexta hora: meio-dia;
- nona hora: quinze horas;
- décima segunda hora: pôr do sol.

– A noite era, do mesmo modo, dividida em quatro vigílias, de três horas cada uma. A noite era do pôr ao nascer sol:
- primeira vigília: do pôr do sol às 21 horas;
- segunda vigília: de 21 horas à meia-noite;
- terceira vigília: da meia noite às 3 horas;
- quarta vigília: de 3 horas até o nascer do sol.

5. As festas ligadas à religião e à agricultura: Celebravam-se anualmente três grandes festas:

– **Páscoa:** era a principal. Começava no dia 14 do mês de Nisan (fim de março ou princípio de abril) e prolongava-se por sete dias, durante os quais não era permitido o uso de pão fermentado, de onde surge também o nome de "dias dos ázimos" (ázimo = sem fermento).

Todos os homens que não estivessem impedidos por motivo grave deviam subir em romaria a Jerusalém.

– **Festa de Pentecostes:** Pentecostes significa "quinquagésimo". Tinha essa denominação porque se celebrava 50 dias depois da Páscoa. Nessa ocasião em geral estava terminada a colheita. Era a festa de ação de graças.

Na festa de pentecostes, que se seguiu à ressurreição de Jesus, o Espírito Santo desceu sobre os apóstolos que se encontravam reunidos em uma casa (At 2,1-4). Por esta razão a Igreja celebra neste dia a festa do Divino Espírito Santo.

– **Festa dos Tabernáculos:** realizava-se no princípio de outubro. Comemorava a longa passagem dos hebreus pelo deserto. Durante sete dias habitavam em tendas cobertas de folhagem, que se armavam nas praças e nos tetos das casas.

Outras festas:

– **Dia da expiação:** era celebrado cinco dias antes da Festa dos Tabernáculos, com jejum rigoroso e outras penitências. O sumo sacerdote penetrava no Santo dos Santos e o aspergia com o sangue de um touro imolado. Impunha as mãos sobre a cabeça de um bode (por isso denominado expiatório) como para lhe transferir os pecados do povo e mandava enxotá-lo para o deserto.

– **Dedicação do templo:** era comemorada em dezembro e durava oito dias. Foi instituída em memória da restauração do culto por Judas Macabeu, depois da profanação do templo por Antíoco.

6. O casamento, o cuidado dos filhos, os costumes e as tradições, a educação das crianças em casa (a aprendizagem de uma profissão) e na escola. Relação entre escola e sinagogas locais. As brincadeiras das crianças. E os brinquedos? Como eram?

7. A alimentação; conservação dos alimentos; o fogo; como mantinham o fogo ou faziam; alimentos permitidos e não permitidos; as receitas do tempo de Jesus (algumas vocês encontram no livro *Convidados para o Banquete – Culinária da Época de Jesus*. Procurem também outras receitas em outras fontes); os temperos conhecidos.

8. O trabalho (Mt 20,1-16); o que as pessoas faziam para sobreviver; profissões mais comuns; o salário; os impostos aos romanos; as seitas políticas e religiosas; a escravidão. A relação poder e povo.

9. Quem é quem: os publicanos, os samaritanos, os zelotas, os fariseus, os saduceus, os levitas, os herodianos, mestres ou professores da lei.

10. E a música? Como era? Quais os instrumentos da época? E a dança? Será que podemos conseguir informações sobre dança da época através de algum centro cultural israelita daqui de nossa cidade? Teríamos condições de ensaiar uma dança? Alguma expressão artística? Teatro? Existia? Como era?

11. E as roupas e os calçados? Roupas de trabalho e de festa. Anel no dedo e sandálias nos pés, como nos diz a parábola do filho pródigo. Qual o sentido?

12. A medicina, os médicos, as doenças mais comuns (a questão da lepra (Mt 8,1-4); o episódio da dona que gastou o que tinha, todos os seus bens, com os médicos da época – a mulher que sofria perda de sangue e que foi curada por Jesus (Mt 9,18-22; Mc 5,21-29). E por falar nisso: como era exercida a medicina na época? Quais são as nossas referências?

13. A água (que não era encanada); a samaritana no poço de Jacó; os banhos (frequência); o uso de unguentos, perfumes etc.

14. O esgoto ou fossa, como era o espaço reservado para as necessidades fisiológicas (usar o texto que Jesus fala das coisas que vêm do coração), a menstruação (a questão do sangue...) e a pureza legal (Mc 7,14-23).

15. E o lixo? Como era tratado? Como seria o lixão da época? Parece que existia um lugar para o lixo onde se mantinha um fogo aceso para ir queimando o que não servia. Por isso algumas expressões de Jesus nos remetem a isso: *O fogo que não acaba nunca* (para falar do inferno), conforme diz Mt 5,29; Mc 9,43. Procure no índice de sua Bíblia e pesquise a palavra *geena*.

16. A simples ausência da eletricidade: imaginemos quais são aquelas coisas que dela dependem e que fazem nossa vida melhor... Rádio, televisão, luz elétrica, computador, aparelhos eletroeletrônicos em geral.

17. A vida no campo e a vida na cidade, as diferenças naquela época. Interessante observar que existia certo conflito (tal qual hoje acontece em nosso país). Também existiam os sem-terra e os sem-teto.

18. Os meios de transporte, nem todo o mundo tinha acesso a animais etc.

19. A questão da violência, assaltos, rebeliões, insurreições etc. A exploração que o povo vivia no contexto da dominação romana na região, as repressões sangrentas da parte dos dominadores.

A partir da pesquisa sugerida, montar maquetes de povoados e cidades, de casas e sinagogas, do Templo, das profissões, dos usos e costumes e outras curiosidades. Gastem o tempo que seja necessário nessa pesquisa. Procurem ajuda de pessoas que possam ajudar o grupo a montar o trabalho. Será de grande importância para as exposições bíblicas que acontecerão no processo catequético. Formar uma EQUIPE DE APOIO.

A pesquisa é extensiva à internet, bancas de revistas, parentes e amigos da comunidade. Todos esses dados serão recolhidos com cuidado e um mural será construído aos poucos.

b) Um encontro sobre Jesus Cristo

Dia de formação: Jesus Cristo, nosso libertador (Primeira Parte, cf. p. 112).

ANOTAÇÕES

2º Tema
Mistérios da Alegria
(Ambientação)

ACOLHIDA

Ambiente preparado de acordo. Velas, flores, Bíblia. Leia, mais uma vez, as "dicas" de uma boa acolhida. Que o ambiente seja agradável, não somente o físico como também o espiritual e psicológico (que todos se sintam bem). Para isso dê atenção e converse com todos.

RECREAÇÃO

Coelhinho vai para a toca

Formação: Os participantes, dois a dois, unem as mãos formando tocas. Em cada toca há um coelhinho. Mas há um coelhinho e um cachorro, ambos, sem toca.

Desenvolvimento: O cachorro, a um sinal dado, inicia a perseguição atrás do coelhinho que se abriga em uma das tocas. O ocupante da toca sai correndo imediatamente e vai abrigar-se em outra toca, sempre com o cachorro atrás. Assim prossegue até que o cachorro consiga apanhar o coelhinho.

Final: Neste momento invertem-se os papéis: o cachorro passa a ser coelhinho e o coelhinho apanhado passa a ser o cachorro, continuando o jogo.

O jogo é importante quando se trata de "criar um clima propício na catequese". O que aprendemos com o jogo? Converse com seu grupo.

HISTÓRIA

Encontro com Deus – Ela se encontra no livro do catequizando. Na hora de contá-la use recursos diversificados para que esse momento não seja de simples leitura, o que torna o momento pouco interessante.

Canção: Que fale de nosso compromisso com Deus; quem comunga não pode nunca dizer que não tem nada a ver com o que acontece com seu próximo.

ATIVIDADES

Continue orientando seu grupo na atividade que propusemos no encontro anterior; gaste um tempo para fazer isso, antes de entrar em atividades novas. Os textos que assinalamos em seguida são para estudo em grupo.

CUIDADO! Não é para esgotar o conteúdo em um único encontro: gaste quantos encontros achar necessário.

Veja no livro do catequizando.

a) Pesquisa bíblica: p. 16.

b) São três grupos de textos bíblicos: p. 16.

c) Jogo dos sete erros

Resposta

d) Receita inspirada na Bíblia

Quibe labanie (quibe cozido servido ao molho de coalhada)

Ingredientes:
– 250 g de patinho moído (mande passar na máquina de moer por duas vezes);
– 250 g de trigo para quibe, lavado e deixado de molho em água por meia hora;
– 1 colher de sobremesa rasa de sal;
– 1 cebola média bem picadinha;
– 20 folhas de hortelã bem fresquinhas, picadas;
– 1 colher de café de pimenta síria.

Preparo:
Aperte bem com as mãos o trigo deixado de molho para escorrer toda água, misturando-o já com a carne moída em uma gamela de madeira. Junte a colher de chá de sal, a cebola picada, as folhas de hortelã picadas e a colher de café da pimenta síria. Passe tudo na máquina de moer, a carne por duas vezes para misturar bem ou amasse muito bem com as mãos na gamela de madeira até obter uma massa homogênea. Modele os quibes na mão, em formato oval, e coloque-os numa panela com um pouco de água e manteiga para cozinhar. Deixe-os ferver por pouco tempo (aproximadamente 10 minutos) e reserve.

Preparo do molho de coalhada: Bata diretamente no liquidificador:
– 1 litro de coalhada;
– 2 colheres de sopa de maisena;
– 1 colher de sopa de arroz branco cozido;
– 3 claras de ovos;
– 2 colheres de chá de sal.

Leve ao fogo a mistura obtida até engrossar. Então coloque sobre ela os quibes já cozidos, deixando ferver por mais cinco minutos. Desligue e salpique por cima a hortelã bem picadinha. Sirva acompanhado com arroz.

POR QUE O VERBO SE FEZ CARNE? (Para ajudar em sua reflexão no momento das atividades.)

– *CIC 457*: "O Verbo se fez carne para nos salvar, reconciliando-nos com Deus: 'Foi Ele que nos amou e nos enviou seu Filho como vítima de expiação por nossos pecados' (1Jo 4,10). 'O Pai enviou seu Filho como Salvador do mundo' (1Jo 4,14). 'Este apareceu para tirar os pecados' (1Jo 3,5)".

– *CIC 458*: "O Verbo se fez carne para que, assim, conhecêssemos o amor de Deus" (cf. 1Jo 4,9; Jo 3,16).

– *CIC 459*: "O Verbo se fez carne para ser nosso modelo de santidade" (cf. Mt 11,29; Jo 14,6; Mc 9,7; Jo 15,12).

– *CIC 460*: "O Verbo se fez carne para tornar-nos 'participantes da natureza divina' (2Pd 1,4): 'Pois esta é a razão pela qual o Verbo se fez homem, e o Filho de Deus, Filho do homem:

é para que o homem, entrando em comunhão com o Verbo e recebendo, assim, a filiação divina, torne-se Filho de Deus'. 'Pois o Filho de Deus se fez homem para nos fazer Deus'. (...) 'O Filho Unigênito de Deus, querendo-nos participantes de sua divindade, assumiu nossa natureza, para que aquele que se fez homem dos homens fizesse deuses'".

Nota: Catequista e catequizando deverão relacionar e cruzar as informações dos textos bíblicos e o que encontrarem na pesquisa feita na internet. Ir organizando o mural (o mesmo dos mapas) no local da catequese; esse mural vai ampliar-se a cada semana com novas informações, escritas e visuais. E que o grupo se habitue a acompanhar o mural e contribuir com sua pesquisa. Alguém do grupo será responsável pelo mural e o que se coloca nele. Todos contribuirão de fato.

ANOTAÇÕES

3º Tema
A Anunciação

ACOLHIDA

Não se esqueça de olhar sempre as "dicas" da boa acolhida; é fundamental saber acolher as pessoas, conversar com elas, permitir que elas sejam sinceras e sejam elas mesmas. Tenha sempre o ambiente do encontro preparado de maneira adequada. Elimine cadeiras, quadro de giz; coloque tapetes e almofadas.

RECREAÇÃO

As atividades recreativas que estamos propondo são sugestões para facilitar seu trabalho. Caso você tenha seu arquivo de atividades e jogos, esteja livre para escolher o que mais atender a seu grupo; apenas tenha cuidado PARA QUE ESTE MOMENTO NÃO SEJA APENAS UMA BRINCADEIRA!

Ar, Terra e Mar

Formação: Participantes sentados em círculo; o catequista também.
Desenvolvimento: Inicia-se o jogo quando o catequista diz o nome de um participante e, em seguida – por exemplo –, diz **Terra**. Então o jovem dirá rapidamente o nome de um animal

que anda na terra. O jogo prossegue com o catequista dizendo o nome de outro jovem seguido de outra palavra de ordem. Por exemplo: **Ar**! Então o jovem diz o nome de um animal que voa. Pode o catequista dizer o nome de um jovem e logo em seguida dizer **Ar, Terra e Mar!** Ele, então, deverá dizer nomes de animais que vivem na terra, que voam e que vivem no mar.

Fim: O jogo termina quando declinar o interesse.

(Objetivo precípuo é desenvolver a atenção.) Há o aspecto **social** enquanto se pode trabalhar **os nomes das pessoas de seu grupo**.

Converse com seu grupo: O que aprendemos com o jogo?

HISTÓRIA

Um grupo de catequizandos preparará um pequeno teatro a partir do texto do evangelho da **Anunciação**. Deverá ser preparado com antecedência, com muito capricho e criatividade, trazendo a mensagem para nossos dias.

Canção: Que seja escolhida uma canção em que apareça o episódio da Anunciação. Ou a disponibilidade de Maria ao dizer seu sim...

ATIVIDADES

Pesquisar o PRIMEIRO MISTÉRIO e conversar sobre os textos.

Em seguida os catequizandos confeccionarão cartazes sobre o episódio e apresentarão em plenário. Importante descobrir O QUE DEUS QUER ANUNCIAR PARA NÓS HOJE, NESTE GRUPO, NESTA PARÓQUIA. E EM NOSSA FAMÍLIA?

Os desenhos podem ser pintados ou então ampliados para serem colocados no local dos encontros de catequese (no mural).

ANOTAÇÕES

4º Tema
A visitação

ACOLHIDA

Prepare o local do encontro de acordo com o tema; evite as cadeiras; coloque tapetes e almofadas; procure fazer deste momento um ENCONTRO. Coloque a imagem de Nossa Senhora no altar, com flores, a bíblia e velas. Como fundo musical coloque a Ave-Maria. Converse com cada um dos seus catequizandos.

RECREAÇÃO

A pescaria

Material: Cadeiras para cada participante.
Formação: Todos sentados em círculo. O peixe-animador está de pé, no centro. Deve haver espaço entre as cadeiras. Cada participante recebe o nome de um peixe. Pode haver mais de um com o mesmo nome.
Desenvolvimento: O peixe-animador começa a circular entre as cadeiras e diz: O pescador apanhou em sua rede o peixe... (diz o nome de um peixe). Os participantes que têm aquele nome se levantam e seguem o peixe-animador. E assim vai prosseguindo, chamando novos nomes.

A fila de peixes se movimenta por entre os participantes. Em dado momento o peixe-animador diz: **A rede se rompeu!** Todos os peixes procuram sentar-se em uma das cadeiras, o mesmo acontecendo com o peixe-animador. O peixe que ficar sem cadeira será o próximo peixe-animador.

Prepare, então, uma lista de nomes de peixes; sugestão: traíra, dourado, pacu, bagre, tilápia etc.

O que aprendemos com o jogo? Converse com seu grupo.

HISTÓRIA

Neste momento você pode usar um vídeo com um filme bíblico que mostre **Maria visitando Isabel**. Ou então montar uma pequena peça de teatro baseada no episódio do evangelho de Lucas, o que deverá ser preparado com antecedência por um grupo indicado para isso e com o acompanhamento do catequista.

Canção: Escolher dentro do assunto.

ATIVIDADES

a) Vamos refletir: Estudar os textos deste segundo mistério. Anotar as conclusões em SEU ESPAÇO.
O grupo se organizará para preparar e experimentar as RECEITAS DO TEMPO DE JESUS.

b) Receita inspirada na Bíblia

Molho de iogurte para macarrão

Ingredientes:
1 copo de iogurte;
4 colheres de sopa de maionese;
4 colheres de sopa de azeite;
1 dente de alho;
sal.

Preparo:
Bata todos os ingredientes no liquidificador até formar uma mistura homogênea e despeje sobre um pacote de macarrão de sua preferência já cozido e escorrido (ainda quente), mexendo tudo muito bem.

Em seguida, coloque o macarrão com o molho na tigela em que será servido, acrescente uma xícara de azeitonas verdes picadas e uma xícara de chá de queijo tipo minas frescal, cortado em cubos pequenos. Se quiser deixar ainda mais nutritivo, acrescente 12 ovos de codorna cozidos e descascados. Sirva imediatamente.

Encerre o encontro rezando todos juntos o *Angelus*.
Muita música e alegria.

5º Tema
O nascimento de Jesus

ACOLHIDA

O ambiente estará de acordo com o tema do encontro; local bem aconchegante; releia as "dicas" que colocamos no início de nosso livro sobre como fazer uma boa acolhida...

RECREAÇÃO

Buscar uma atividade ou jogo que vá de encontro a alguma necessidade específica de seu grupo e possa ajudá-lo a crescer na amizade. Tenha sempre em mãos seu material de jogos.

Cada macaco no seu galho

Formação: Este jogo só poderá ser realizado em um jardim ou parque. Cada jogador escolherá uma árvore ou um arbusto, com exceção de dois, que serão os caçadores.

Desenvolvimento: Dado o sinal os macacos deixam suas "árvores" e os caçadores procuram agarrá-los. Para não serem presos, os macacos devem subir em suas árvores ou agarrar seu arbusto. Caso sejam presos antes de conseguirem isso, serão levados para a prisão (lugar marcado com uma bandeirinha). A qualquer momento o macaco pode soltar seus companheiros, bastando para isso que se aproxime e toque seus colegas.

Final: O jogo termina quando declina o interesse.

O que aprendemos com o jogo? Converse com o grupo.

HISTÓRIA

O papel de presente (pode até ser dramatizada).

Canção: Relacionada com o nascimento de Jesus; cantar e fazer da canção um momento de expressão corporal e dança. A música ajuda a descontrair e desinibir.

ATIVIDADES

a) Para o nosso estudo em grupo: Livro do catequizando, p. 24.

Vocês vão organizar-se e preparar UM PRESÉPIO VIVO, envolvendo os catequizandos, os pais, os padrinhos e as pessoas da comunidade paroquial, e, em um momento apropriado e preparado com essa finalidade, APRESENTÁ-LO! Um bom momento pode ser na CELEBRAÇÃO DO TERÇO!

Nota: Não se preocupe se gastar um pouco mais de tempo lembrando ao grupo aspectos importantes do BATISMO. Você pode recorrer ao *Jesus é 10*, livro II, quando na oportunidade desenvolvermos um estudo sobre o Batismo.

b) Mensagem: Jesus Cristo é o filho de Deus: p. 26.

Encerre o encontro no cantinho da oração.

Momento de alegria e louvor: Jesus nasce para todos nós.

ANOTAÇÕES

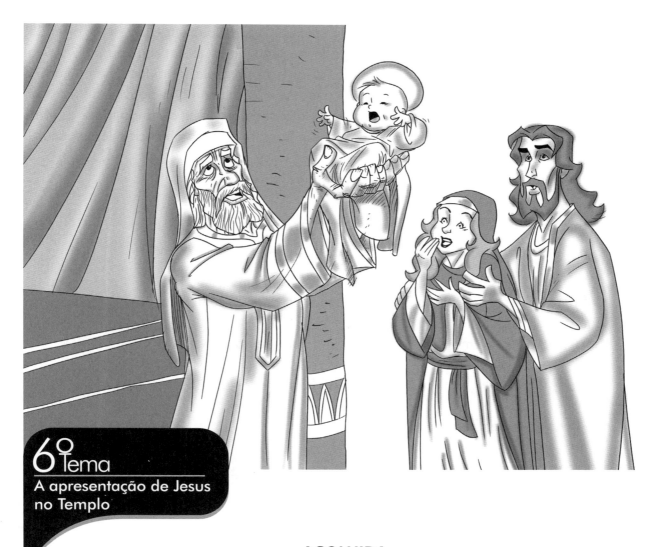

6º Tema
A apresentação de Jesus no Templo

ACOLHIDA

Releia com atenção as "dicas" para uma boa acolhida; o que você já conseguiu fazer e o que ainda não. Continue se esforçando; converse com cada catequizando com muito carinho e amizade. Crie um clima de confiança.

RECREAÇÃO

Faça o jogo a seguir:

Tira e põe

Material: Dois lenços ou duas fitas coloridas.
Formação: Os participantes dispostos em duas colunas de igual número e com o primeiro de cada coluna o lenço ou a fita.
Desenvolvimento: Dado o sinal, o primeiro de cada fila sairá correndo para amarrar o lenço em um local previamente combinado pelo catequista, voltando imediatamente a sua fila

(coluna), tocando no seguinte e indo para o fim da coluna. O participante tocado sairá correndo, desatará o lenço e voltará correndo para entregá-lo ao seguinte, indo em seguida para o final da coluna; o que recebeu o lenço volta correndo novamente para atá-lo no local combinado e assim por diante, até que o que saiu primeiro encontre-se novamente no início da coluna.

Final: Vence o grupo que realizar primeiro a atividade proposta evitando todos os erros (sair antes de ser tocado, não amarrar o lenço onde e conforme foi combinado, desrespeitar a coluna, manter a coluna desorganizada etc.).

Objetivo: Desenvolver a agilidade e a organização.

O que aprendemos com o jogo? Converse com seu grupo.

HISTÓRIA

O filho. Você vai recontar a história usando recursos de comunicação; não se esqueça de que ela já foi lida em casa.

Canção: Escolha uma canção que esteja dentro de nosso tema.

ATIVIDADES

No livro do catequizando.

a) Preparar com o grupo a reza do terço: p. 28.

b) Para o nosso estudo em grupo: p. 29.

c) Receita inspirada na Bíblia

"Muitas leguminosas, como as favas e as lentilhas; diversos cereais, como o trigo, a cevada e a espelta (uma espécie de trigo inferior e mais duro que o trigo comum); além de verduras e legumes servidos crus, também eram consumidos diariamente. O pão, inúmeras vezes citado no decorrer da Bíblia, tanto no Antigo como no Novo Testamento, era o alimento principal e o mais consumido pela população. Era preparado com cereais integrais, apenas triturados em moinhos de pedra, sendo, portanto, um alimento rico em fibras vegetais."

(*Convidados para o Banquete – Culinária da Época de Jesus.*)

Sopa de cevada

A cevada é o cereal mais comum e mais antigo da Palestina. É encontrada em lojas de produtos naturais com o nome de "cevadinha", que é o grão de cevada descascado. Por ser muito energética é indicada para dias frios.

Ingredientes:
1 xícara de cevadinha;
1 ½ litro de caldo de carne;

1 cebola picada;
2 dentes de alho espremidos;
3 colheres de sopa de azeite;
1 colher de sopa de salsa picada;
2 tomates sem pele e sem sementes, picados;
1 colher de chá de cominho;
1 colher de sopa de hortelã picada;
sal.

Preparo:

Leve a cevadinha ao fogo com o caldo de carne até levantar fervura e depois deixe em fogo baixo para cozinhar, adicionando mais água sempre que necessário, ou então cozinhe em panela de pressão por 15 minutos. Refogue a cebola e o alho no azeite. Acrescente os tomates, refogue um pouco mais e junte à cevadinha já cozida. Cozinhe mais um pouco e acrescente então o cominho, a salsa e a hortelã. Sirva acompanhada de torradas.

Refeição deliciosa e nutritiva, muito usada na região da Palestina.

d) Resposta da atividade de desembaralhar as letras:

Resposta

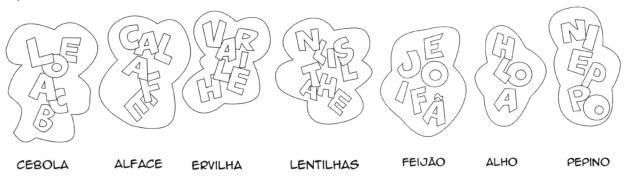

CEBOLA   ALFACE   ERVILHA   LENTILHAS   FEIJÃO   ALHO   PEPINO

Encerre o encontro no cantinho da oração, com muita música e alegria. Louvem, sobretudo, nosso BATISMO. Este encontro pode ser encerrado também na IGREJA, diante da PIA BATISMAL. Você pode preparar uma pequena celebração com esse objetivo. Convide-os a agradecer aos pais e padrinhos.

ANOTAÇÕES

_____
_____
_____
_____
_____

7º Tema
Jesus perdido e encontrado no Templo

ACOLHIDA

O catequista conversará com cada catequizando sobre como passaram a semana, como eles estão se sentindo... O ambiente estará preparado de acordo com o tema do encontro, ou seja, O QUINTO MISTÉRIO DA ALEGRIA! Não nos esqueçamos do cantinho da oração e de fazer do local de encontro algo bastante aconchegante...

RECREAÇÃO

O catequista observará o que mais o grupo necessita no momento: Trabalhar a união? A atenção? O entrosamento? Escolher o jogo de acordo com a necessidade do grupo (no livro *JESUS É 10! – Manual de jogos*).

HISTÓRIA

Buscar um filme no qual se veja o episódio da vida de Jesus que estamos estudando e refletindo; existem muitos filmes sobre a vida de Jesus. Recordamos, apenas, QUE SE LIMITE À

PERDA E AO ENCONTRO DE JESUS NO TEMPLO. (Algo que deverá durar aproximadamente 10 minutos.)

Canção: buscar uma canção que se relacione ao episódio bíblico; caso não encontrem, cantem uma canção que fale de Jesus e do que Ele fez por nós...

ATIVIDADES

No livro do catequizando.

a) Para o nosso estudo em grupo: p. 31.

b) Celebração dos Mistérios da Alegria: Preparar o TERÇO MISSIONÁRIO. Cuidar que pais e padrinhos participem na preparação e na realização juntamente com os catequizandos. Distribuir tarefas.

c) Vamos refletir: p. 32.

Encerre o encontro no cantinho da oração.
Preces espontâneas.

ANOTAÇÕES

8º Tema
Mistérios da Luz (Ambientação)

Ambientação da vida pública

O que diziam os homens sobre Jesus

ACOLHIDA

O ambiente estará preparado para o levantamento de todo o trabalho feito; que possam escrever com facilidade, ter acesso a todo o material necessário; todos serão recebidos com alegria; cartazes diversos sobre Jesus.

RECREAÇÃO

Feijões ambulantes

Material: Quatro pratos e quantidades iguais de feijões para os dois partidos que irão se formar.

Formação: Os participantes se dividem em dois partidos (dois subgrupos), com igual número de participantes cada um, que ficam alinhados, mantendo a mesma distância entre um e outro. Em uma das extremidades de cada grupo, colocam-se os pratos vazios e, na outra, os pratos com feijões.

Desenvolvimento: Dado o sinal de início, o primeiro de cada grupo, onde está o prato com feijões, pega UM FEIJÃO por vez e passa para seu colega ao lado, e este ao outro até o último, que então coloca o feijão no prato vazio a seu lado. O feijão passará de mão em mão. Não se pode pular pessoas do grupo e nem passar mais de um grão de feijão de cada vez. Se o grão cair no chão, deve ser recolhido e passado adiante.

Final: Vence o grupo que mais rapidamente transportar todos os feijões e tiver menos faltas.

Observação: Essa atividade trabalha a coordenação motora fina, a agilidade, a atenção e a sociabilidade. Por isso podemos situá-la aqui.

O que aprendemos com o jogo? Converse com seu grupo.

HISTÓRIA

É o momento da partilha das descobertas, das dúvidas, das preocupações, de tudo o que foi feito e de como isso poderá ser aproveitado no decorrer da catequese; momento de ler a **Entrevista com Jesus Cristo** e tirar conclusões.

Canção: Qualquer canção que fale de Jesus. Momento para descontrair, dançar, expressar-se corporalmente.

ATIVIDADES

Começar a organizar o *Show Musical Jesus é 10!* Ou então o DIA DO QUINTO EVANGELHO. Terão de escolher (a não ser que se tenham condições de realizar os dois).

a) Roteiro para ajudar na organização das pesquisas: Livro do catequizando, p. 36.

b) Receita inspirada na Bíblia

Refogado de cevadinha

Ingredientes:
1 xícara de cevadinha já cozida em caldo de carne, conforme receita anterior;
1 dente de alho espremido;
2 colheres de azeite;
sal a gosto;
salsinha picada para enfeitar.

Preparo:
Doure o alho e o sal no azeite e acrescente a cevadinha cozida refogando tudo muito bem. Sirva imediatamente, enfeitando com a salsinha. Serve para acompanhar outros pratos.

c) Decifre as palavras codificadas: p. 37.
Resposta exercício 1: Burro | Resposta exercício 2: Bois
Resposta exercício 3: Ovelhas | Resposta exercício 4: Cabritos

ENCERRAMENTO

No cantinho da oração, preces espontâneas e louvor.

Observação: Não descuidar dos momentos celebrativos, de maneira especial o **Terço Missionário**, na forma como colocamos após cada estudo dos mistérios da vida de Jesus (esquema que pode ser aperfeiçoado e melhorado graças à criatividade de nossos catequistas). ATENÇÃO: Organize as atividades propostas com tranquilidade. Não queime suas opções por causa da pressa!

ANOTAÇÕES

9º Tema
Batismo e tentação de Jesus

ACOLHIDA

O ambiente estará preparado de acordo com o assunto (Batismo e as tentações de Jesus); painéis, cartazes, ambiente aconchegante, cantinho da oração etc. Conversar com todos e cada um para sentir como estão...

RECREAÇÃO

Nunca dois

Formação: Os participantes ficam em círculo. Do lado de fora dois participantes. Um será o **Perseguidor** e o outro o **Fugitivo**.

Desenvolvimento: Sinal dado, inicia-se o jogo. O fugitivo corre com o perseguidor atrás de si. O fugitivo entra no círculo e para diante de qualquer dos participantes. Este, imediatamente, sai correndo, sempre com o perseguidor atrás. Se o perseguidor alcançar o fugitivo, os papéis se invertem e o jogo continua.

Final: O jogo termina quando declinar o interesse.

O que aprendemos com o jogo? Converse com seu grupo.

HISTÓRIA

Trecho de algum filme sobre o assunto ou um grupo apresentará um pequeno teatro sobre a tentação de Jesus e nossas tentações... Ou o texto **Uma pescaria inesquecível...** Contar a história de forma diferente, porque já foi lida em casa.

Canção: Será escolhida de acordo com o tema do encontro.

ATIVIDADES

No livro do catequizando.
a) Terço Missionário: p. 40.
b) Vamos refletir: p. 40.

Encerre o encontro no cantinho da oração.

ANOTAÇÕES

10º Tema
As Bodas de Caná

O primeiro sinal realizado por Jesus

ACOLHIDA

Fique sempre muito atento às "dicas" para uma boa acolhida. Continue esforçando-se naqueles aspectos que ainda não foram concretizados; um deles, por exemplo, é DEIXARMOS DE SER PROFESSORES. Às vezes nos acostumamos com o vocabulário, porém mantemos a MENTALIDADE (e a POSTURA) ENRAIZADA no modelo antigo e ultrapassada. Cuide que o ambiente esteja preparado de acordo com o tema do encontro...

RECREAÇÃO

Será escolhida conforme o momento que seu grupo esteja vivendo. Sugerimos "A viagem da titia". Muito cuidado para que seu momento de recreação não se transforme em BRINCADEIRAS.

A viagem da titia

Formação: Os participantes estarão sentados em círculo.

Desenvolvimento: O animador (catequista) começa: "Minha tia chegou de viagem e trouxe um rádio". O seguinte, à direita ou à esquerda (como quiserem determinar), diz: "A minha tia chegou de viagem e trouxe um rádio e um livro". O seguinte diz: "Minha tia chegou de viagem e trouxe um rádio, um livro e uma bolsa". E assim sucessivamente, até que alguém esqueça ou altere a sequência; quem errar ajudará a verificar os erros (ajudará o animador).

Final: O jogo durará enquanto perdurar o interesse do grupo ou o tempo disponível.

Observação: Estão em jogo a ATENÇÃO, a MEMÓRIA e a LINGUAGEM ORAL. São os elementos que estamos trabalhando com essa atividade.

O que aprendemos com o jogo? Conversar com seu grupo.

HISTÓRIA

É o momento de trabalhar a mensagem principal do encontro (as Bodas de Caná); você pode usar slides, filmes, histórias em quadrinhos, teatro, fantoches... Para transmitir a mensagem. Segue uma sugestão para esse momento: Para quem gosta de reclamar! Lembre-se de que a história é para ser contada e a maneira de contar faz a diferença!

Canção: A ideia central é de que Jesus passou entre nós, fazendo sempre o bem. A canção na catequese, além de ajudar na fixação da mensagem, pode ajudar na descontração e no entrosamento do grupo.

ATIVIDADES

No livro do catequizando.

a) Conferir cuidadosamente todas as citações bíblicas; realizar o que está proposto.

b) As palavras na atividade de desembaralhar as letras são: TEMPESTADE, VENTOS, ONDA, MAR, PESCA MILAGROSA.

Com jeito, acompanhe seus catequizandos pelos textos bíblicos que insinuam essas palavras relacionadas com milagres.

No caça-palavras: as respostas são as palavras em negrito, ver p. 44 e 45.

c) Receita inspirada na Bíblia

Salada de lentilhas

Ingredientes:
100 g de lentilhas já cozidas;
2 tomates picados;
2 colheres de sopa de cebola ralada;
2 colheres de sopa de salsa picada.

Preparo:

Tempere tudo com duas colheres de sopa de azeite, duas colheres de sopa de vinagre e sal a gosto.

d) Jogo dos sete erros – O semeador

"O semeador saiu a semear. Ao semear, uma parte caiu..." (Mt 13,1-9).

Resposta

Encerre o encontro conforme o costume.

Faça deste momento algo especial.

ANOTAÇÕES

_____
_____
_____
_____
_____
_____
_____
_____
_____
_____
_____

11º Tema
Jesus anuncia o Reino de Deus

ACOLHIDA

Ambiente preparado de acordo com o tema. Releia atentamente as "dicas" da boa acolhida. Alguma coisa que ainda não conseguiu fazer? Não custa tentar... Você pode, e muito, transformar sua catequese!

ATENÇÃO: possivelmente esse tema levará pelo menos dois ou três encontros.

RECREAÇÃO

O canudinho

Material: Cada participante receberá um canudinho (desses de beber suco ou refrigerantes) de cores variadas, conforme são variados nossos dons.

Formação: Dois grupos (ou mais conforme o número de participantes) de números iguais, lado a lado, mantendo uma distância entre os dois grupos e diante deles, a aproximadamente 10 metros, diante de cada grupo, um círculo marcado no chão, feito a giz.

Desenvolvimento: Dado o sinal de início do jogo, o primeiro de cada fila sai, colocam seu canudinho dentro de seu círculo, volta e toca no companheiro seguinte (que só poderá sair quando receber o toque), e vai para o final da fila. O que foi tocado procede da mesma maneira, deixando seu canudinho dentro do círculo e, voltando, toca no companheiro seguinte, indo para o final da fila. E assim sucessivamente todos vão deixando seu canudinho e indo para o fim da fila. Depois que todos colocarem seu canudinho, chega novamente a vez de quem foi o primeiro, que vai ao círculo, recolhe todos os canudinhos e volta entregando um canudinho para cada colega. **Entre todos deverão formar uma figura geométrica, unindo todos os canudinhos.**

Final: Todos os grupos deverão formar a figura, sem exceção. Posteriormente será proclamado vencedor quem terminar sua tarefa de forma melhor, não primeiro. Os canudinhos deverão ser colocados um dentro do outro nas pontas. É preciso muita paciência para isso e é essa paciência que será valorizada (e a coordenação motora adequada decorrente dessa atividade). Depois você pode refletir com seu grupo aquele texto da carta de São Paulo aos Coríntios (1Cor 12,4-6).

O que aprendemos com o jogo? Converse com seu grupo.

HISTÓRIA

Dons de Deus.

Canção: Que fale do reino de Deus acontecendo dentro de nós e na construção de um mundo novo. E qual é na verdade a nossa.

ATIVIDADES

No livro do catequizando, ver páginas 48 a 50.

Estão assinaladas no decorrer do encontro: textos, questões para conversar, desenhos, pesquisa bíblica etc. Dividir seu grupo em três subgrupos ou mais (dependendo da quantidade) e distribuir os textos correspondentes ao terceiro mistério, até "Jesus ensina sobre o céu e o inferno", inclusive. Em seguida fazer um plenário para ver os resultados.

Observação: dedicar o tempo necessário e suficiente para que a atividade seja bem-feita. Porém nada de pressa. O PROCESSO, via de regra, é mais importante que O RESULTADO EM SI MESMO (a atividade pronta). O processo é educativo.

Encerre o encontro no cantinho da oração.
Preces de louvor e agradecimento a Deus pelos dons que dele recebemos.

ANOTAÇÕES

12º Tema
A Transfiguração de Jesus

ACOLHIDA

Será preparada de acordo com o tema do encontro; converse com calma com seus catequizandos, porque é importante que sejam valorizados e ouvidos naquilo que seja importante para eles.

RECREAÇÃO

Bola ao túnel

Material: Duas ou três bolas.
Formação: Duas ou três colunas com igual número de participantes. Pernas ligeiramente afastadas, formando um túnel.
Desenvolvimento: Dado o sinal, o primeiro de cada coluna passa a bola por entre as pernas a seu imediato. Deste modo todos recebem e passam a bola. Logo que a bola chegue ao último, este corre e coloca-se no início da fila e recomeça o jogo.
Final: O grupo (coluna), cujo primeiro a passar a bola estiver novamente no início da coluna, terá sido o vencedor, o que melhor desempenhou a tarefa. Aplausos!

Nota: O objetivo de qualquer jogo (sobretudo na catequese), além de descontrair e criar o clima, é trabalhar valores humanos e cristãos. A questão da ética e do comportamento moral adequado é o que mais sentimos falta em todos os setores de nossa vida.

O que aprendemos com o jogo? Converse com seu grupo.

HISTÓRIA

Você pode usar nesse momento um trecho de um filme da vida de Jesus que trate do assunto (a Transfiguração) ou então contar uma história. A história não é para ser lida, pois seus catequizandos já fizeram isso em casa, ELA É PARA SER CONTADA. O jeito de contar faz a diferença. Os recursos que você usa também.

Sugerimos: **A vaca, o diamante e o menino de rua.**

Canção: Que esteja dentro do tema que estamos tratando neste encontro.

ATIVIDADES

a) **Vamos reflerir:** Conferir todos os textos, conversar sobre tudo o que se propõe no decorrer do encontro, p. 52.

b) **Receita inspirada na Bíblia**

Salada de cevadinha

Ingredientes:
1 xícara de cevadinha já cozida;
1 pimentão vermelho picado;
1 tomate sem sementes picado;
½ cebola picada;
½ xícara de passas sem semente;
bastante salsinha picada;
sal a gosto.

Preparo:
Misture tudo e tempere com azeite, limão e sal. Se quiser um toque diferente, acrescente as sementes de gergelim. Se preferir, substitua a salsa por folhas de hortelã. Sirva com alface picada.

c) Jogo dos sete erros – pescadores

Resposta

Encerre o encontro conforme o costume e com muita tranquilidade.

ANOTAÇÕES

13º Tema
A Santa Ceia
Jesus institui a Eucaristia

ACOLHIDA

Tudo preparado de acordo com o tema; além das velas, flores e Bíblia, coloque também uma bandeja bem-enfeitada com pão, uvas e vinho. No final do encontro, o grupo comerá pão e uva e beberá o vinho, numa pequena celebração que você vai preparar com muito cuidado e carinho, cânticos e leitura bíblica.

RECREAÇÃO

O cachorro e o osso

Formação: Os jogadores estarão sentados em roda. De preferência sentados no chão. No centro ficará um jogador de **olhos fechados, não vendados**. Ele será o cachorro. Perto dele um objeto qualquer será o osso.

Desenvolvimento: Dado o sinal, o catequista apontará qualquer participante da roda que tentará com toda cautela apanhar o "osso". Percebendo alguma coisa ou algum ruído, o "cachorro" latirá e indicará a direção em que ele acha que está o apanhador de ossos. Se ele acertar, o apanhador volta para a roda e o catequista apontará outro. Se ele apontou erradamente, o mesmo jogador prosseguirá para se apoderar do osso. Se conseguir apoderar-se do osso, voltará ao círculo e esconderá o osso atrás das costas, com as mãos para trás. Todos os demais farão o mesmo. Será solicitado, então, ao que estiver no centro que abra os olhos e diga com quem está o osso. Se acertar, trocarão de lugar, caso contrário permanecerá cachorro na continuação do jogo.

Final: Terminará o jogo quando três jogadores do círculo conseguirem apanhar o osso.

O que aprendemos com o jogo? Conversar com o grupo.

HISTÓRIA

Vídeo ou slides que mostrem a instituição da Eucaristia. No entanto, sugerimos uma história que propiciará uma reflexão sobre os compromissos daquela pessoa que comunga. Confira: **O grão de milho** (pode ser dramatizada).

Canção: Cujo tema seja a Eucaristia, na perspectiva do compromisso que assumimos com os irmãos. Cantar com gestos e também dançar.

ATIVIDADES

Como segue, conferindo citações e fazendo o que se pede, ver p. 56 e 57.
Resposta dos quatro sacramentos: Batismo, Eucaristia, Ordem e Unção dos Enfermos.
Resposta do caça-palavras: Matrimônio, Penitência e Crisma.

Vamos refletir: p. 57.

Celebração dos Mistérios da Luz: p. 58.

Nota: Os padrinhos são aquelas pessoas que o catequizando deseja que sejam padrinhos de Crisma ou então os padrinhos de Batismo. Ou ambos.

Encerre o encontro com uma pequena celebração na qual, no final, os participantes comerão e beberão. No final, pode-se propor que o grupo se mobilize para ajudar alguma família conhecida que esteja passando por dificuldades.

ANOTAÇÕES

14º Tema
Mistérios da Dor (Ambientação)

ACOLHIDA

Continue com aquela preocupação em fazer com que cada pessoa de seu grupo se sinta bem, acolhida e respeitada. A melhor maneira é ouvir com atenção, dialogar. O ambiente estará preparado de acordo com o tema. Sugestão: quadros da Via-Sacra nas paredes do local da reunião.

RECREAÇÃO

Chicotinho queimado

Formação: Pediremos a um jovem que se retire do local do encontro ou então que feche os olhos. Alguém esconde um objeto qualquer (que todos vejam o que é e onde vai ficar).

Desenvolvimento: Quando o jovem voltar ou abrir os olhos, os colegas começam a cantar qualquer canção combinada (podem ser as canções dos encontros de catequese ou aquelas que eles gostam de cantar). À medida que o jovem se aproximar do objeto escondido, o grupo canta mais forte, quando se afasta, canta mais fraquinho, dando assim a pista para o colega descobrir o objeto. Quando encontrar o objeto, escolherá um outro colega que sairá do local ou fechará os olhos para continuar a atividade.

Final: O jogo continua até declinar o interesse ou o tempo para esta atividade esgotar-se.

Objetivos: Desenvolver a percepção auditiva e a atenção.

O que aprendemos com o jogo? Converse com o grupo.

HISTÓRIA

Vamos iniciar o estudo da paixão de Cristo. Neste momento você pode lançar mão de filmes apropriados, dentro do assunto. Segue uma história como sugestão: **Jesus pagou o preço de nossa liberdade**. Você vai procurar contar de maneira diferente, porque ela já foi lida por seu catequizando.

Canção: Escolhida dentro do assunto.

ATIVIDADES

No livro do catequizando: Como segue, conferir todas as citações e fazer o que for sugerido, p. 60 e 61.

a) Pesquisa bíblica: p. 60.

b) Vamos refletir: p. 60.

c) Receita inspirada na Bíblia

Guisado de lentilhas à moda de Jacó

Ingredientes:
500 g de lentilhas secas;
1 kg de costeletas de carneiro frescas (não salgadas);
2 dentes de alho socados;
1 cebola picada;
1 folha de louro;
2 colheres de azeite;
sal a gosto.

Preparo:
Cozinhe as costeletas de carneiro em água e sal por dez minutos em panela de pressão. Acrescente as lentilhas e deixe cozinhar fora da panela de pressão até os grãos de lentilhas ficarem macios, tendo o cuidado de não deixar que eles desmanchem. Escorra a água e reserve-a para ser usada como caldo posteriormente. Refogue no azeite o alho e a cebola com um pouco de sal e junte aí as lentilhas cozidas e as costeletas, mais a folha de louro. Misture muito bem para pegar gosto e acrescente o caldo reservado, deixando em fogo brando até engrossá-lo. Sirva quente acompanhado de arroz branco.

d) Mensagem codificada: Resposta: Com a sua funda ele lançou a pedra e espantou o lobo (p. 63).

Encerre o encotro conforme o costume.
No altar da Bíblia.

ANOTAÇÕES

15º Tema
A agonia de Jesus no Horto das Oliveiras

ACOLHIDA

Catequizando que se sente bem em um grupo quer continuar nele. Faça com que todos se sintam bem no grupo. Nesse caso as atividades recreativas podem contribuir de forma significativa para isso.

RECREAÇÃO

Olhar cruzado

Formação: Os participantes estarão sentados em círculo. O animador colocará um fundo musical suave, porém de ritmo alegre.

Desenvolvimento: Ele pedirá que as pessoas na roda corram os olhos pelos rostos de seus colegas e, quando sentirem vontade, **fixem-se nos olhos de alguém**. Quando algum participante sentir que alguém olha para si com insistência, eles devem levantar-se e trocar de lugar, sem desviar o olhar; a atividade termina quando todos tenham trocado de lugar pelo menos uma vez...

Final: Cada um pode comentar o que vivenciou ou experimentou durante o exercício, como se sentiu etc.

O que aprendemos com o jogo? Converse com seu grupo.

HISTÓRIA

Dramatizar o episódio. Deve ser preparado com antecedência. Trazer sempre que possível para os nossos dias. Enfocar: como nós enfrentamos nossos sofrimentos? Você pode também buscar um filme sobre Jesus e apresentar o momento da **Agonia de Jesus no Horto das Oliveiras.**

Canção: Deve mostrar o amor de Deus para com seus filhos.

ATIVIDADES

No livro do catequizando:

a) Vamos refletir: p. 65.

b) Caça-palavras: p. 66.

Encerre o encontro no cantinho da oração.
Preces espontâneas e cânticos.

ANOTAÇÕES

16º Tema
Jesus é açoitado por ordem de Pilatos

ACOLHIDA

Seu encontro estará preparado de acordo com o tema (murais, cartazes, a Via-Sacra no local do encontro). Um altar muito bem-preparado no cantinho da oração para ajudar no clima de meditação que deve existir.

Converse com todos e cada um. Eles precisam de sua atenção.

RECREAÇÃO

O muro

Formação: Os catequizandos estarão à vontade no local do encontro. Neste momento você entregará a cada participante um "tijolo" (consiste em uma caixa de sapatos encapada com papel colorido) e nele escrito um nome. A distribuição dos "tijolos" será aleatória.

Desenvolvimento: Dado o sinal cada um deverá procurar a pessoa cujo nome está no "tijolo" que ele recebeu. Será dado um tempo para que conversem. Aleatoriamente, também, os tijolos serão empilhados formando um muro. Deixar que os participantes façam comentários. O que pode acontecer com um muro se eu mover um tijolo? De repente escolher um tijolo que esteja em lugar estratégico e que possa prejudicar o muro. O muro pode até cair...

Final: Incentivar a reflexão dos membros do grupo sobre a importância de cada um. Sem nos esquecermos de que **somos os tijolos de Jesus na construção do Reino de Deus**.

O que aprendemos com o jogo? Converse com o grupo.

HISTÓRIA

Faça a Via-Sacra com seu grupo.
Canção: dentro do assunto.

ATIVIDADES

No livro do catequizando:

a) Vamos refletir: p. 67.

b) Receita inspirada na Bíblia

Arroz com lentilhas

Ingredientes:
1 xícara de lentilhas;
2 xícaras de arroz;
1 cebola média;
3 colheres de sopa de azeite;
sal a gosto.

Preparo
Lave as lentilhas e cozinhe com sal. À parte, refogue rodelas finas de cebola no azeite, jogue metade da cebola refogada sobre as lentilhas e o restante reserve para enfeitar o prato pronto.

Quando as lentilhas já estiverem cozidas, observe a quantidade de caldo que sobrou e junte o arroz lavado e bem escorrido. Deve haver mais ou menos duas xícaras de líquido para cada xícara de arroz. Se necessário, complete o que faltar com água quente e deixe cozinhar o arroz normalmente como o de costume, juntamente com as lentilhas.

Depois de pronto, sirva o arroz com lentilhas em uma travessa e enfeite com rodelas de cebolas refogadas reservadas. Fica delicioso servir esse arroz com uma perna de carneiro assado como acompanhamento.

Uma ótima opção para substituir o arroz trivial. Excelente também para acompanhar qualquer tipo de carne grelhada.

c) Desembaralhando as letras, localize as cidades de Jesus e a de seu amigo Lázaro: p. 68.

Respostas: Jesus nasceu em Belém, morou em Cafarnaum e morreu em Jerusalém.
A cidade de Lázaro é Betânia.

17º Tema
Jesus é coroado de espinhos

ACOLHIDA

Converse com todos e cada um. Que eles se sintam bem no grupo. Releia as dicas da boa acolhida. O que você ainda não conseguiu? Vale a pena continuar se esforçando...

RECREAÇÃO

A música é...

Preparação: Faça fichas com palavras que entram nas canções que vocês cantam nos encontros de catequese (ou que os jovens gostam de cantar). Exemplo: Deus, Jesus, amigo, criação, criador, amor, casa, flores, carteiro, Maria etc. (faça uma pesquisa).

Formação: Os participantes estarão à vontade no local do encontro.

Desenvolvimento: Um jovem vai até à caixa de fichas e, sem olhar, escolhe uma; em seguida lê o que está escrito e todos em coro dizem: "A palavra é..." (e dizem a palavra). Então o jovem cantará uma canção que contenha a palavra escolhida (sorteada). Os colegas aplaudem! E assim, quem quiser, vai tirar sua ficha e cantar a canção correspondente.

Final: O jogo continua enquanto durar o interesse ou conforme o tempo disponível.

O que aprendemos com o jogo? Converse com seu grupo.

HISTÓRIA

Trecho de um filme, slide ou dramatização trazendo o episódio para nossos dias: Quais são nossos espinhos? Em que se parece o rosto sofredor de Cristo com o rosto de milhares de nossos irmãos sofredores? No dizer de Paulo completamos em nossos corpos o que falta à paixão de Cristo... (Cl 1,24). Nosso sofrimento, unido ao de Jesus, faz de nós partícipes da redenção do mundo. Você pode refletir com seu grupo a mensagem: **O que Deus não vai perguntar.**

Canção: Dentro do assunto.

ATIVIDADES

No livro do catequizando:

a) Vamos refletir: p. 70.

b) Montar um mural: p. 70.

Termine o encontro no cantinho da oração, com preces e cânticos.

ANOTAÇÕES

18º Tema
Jesus carrega a cruz às costas

ACOLHIDA

Releia as dicas da boa acolhida e se empenhe em fazer o que ainda não conseguiu até o momento presente. Lembre-se de que é importante conversar com todos e cada um. Você conseguiu eliminar cadeiras e carteiras? Consegue trabalhar com tapete e almofadas?

RECREAÇÃO

Os palitos

Formação: Cada participante recebe dois palitos de fósforos. Ao fazer a distribuição, o catequista, juntamente com o grupo, fala o nome de quem os recebe.

Desenvolvimento: O catequista pede que se quebre **um palito**. Converse sobre a facilidade de se quebrar **um palito de fósforo**. Em seguida peça para que juntem **todos os outros palitos que sobraram** e convide para que tentem quebrá-lo, agora que estão todos juntos. Converse sobre as dificuldades de se quebrar um monte de palitos de fósforos.

Final: Deixe que os participantes do exercício tirem suas conclusões.

O que aprendemos com o jogo?

HISTÓRIA

A lição dos animais.
Canção: Apropriada para o momento.

ATIVIDADES

No livro do catequizando, p. 72.

a) Distribuição das tarefas: distribua as tarefas para que comecem a preparar a CELEBRAÇÃO DO TERÇO. Deve envolver os pais e padrinhos, assim como a comunidade paroquial em geral, e todos podem dar seu apoio comparecendo a esse momento de oração. Ver no apêndice. Termine o encontro fazendo preces e cantando, no cantinho da oração. Vamos dar graças ao Senhor Jesus por tudo o que fez por nós.

b) Vamos refletir: p. 72.

c) Receita inspirada na Bíblia

Assado de trigo para quibe

Ingredientes:
2 xícaras de trigo para quibe, lavado e deixado de molho por ½ hora;
½ xícara de cenoura crua ralada;
2 colheres de hortelã picada;
½ cebola bem picadinha;
1 dente de alho espremido;
½ xícara de amêndoas trituradas;
6 colheres de farinha de trigo;
4 colheres de azeite;
sal a gosto.

Preparo:
Misturar bem os ingredientes e levar para assar em forma untada e coberta com papel alumínio.

d) Jogo dos sete erros
Jesus expulsa os vendilhões do Templo.

Resposta

ANOTAÇÕES

19º Tema
Crucificação e morte de Jesus

ACOLHIDA

Que todos se sintam bem em seu grupo. O ânimo e a alegria começam pelo catequista: se o catequista está triste... Desanimado... Sem vontade para nada: como você acha que seu grupo estará?

RECREAÇÃO

Dinâmica das palavras

Preparação: No local da catequese (sala), fixar nas paredes, escritas em faixas de papel, palavras que retratem coisas boas e ruins de nosso mundo. Exemplo: bondade, guerra, paz, inveja, alegria, mentira, justiça, ódio, amor, caridade, brigas, injustiças, ternura, amizade, perdão e muitas outras.
Formação: Participantes sentados em círculo.
Desenvolvimento: O catequista perguntará, pedindo que todos observem as palavras: *O que pode trazer-nos a felicidade?* Cada participante escolherá sua palavra e conversará com o grupo sobre o motivo da escolha daquela palavra. Depois de comentar sua palavra o participante a colocará

sobre o altar da Bíblia, formulando uma prece para a paz e a felicidade do mundo e das pessoas. As palavras ruins podem ser queimadas no meio de um HINO DE LOUVOR A DEUS.

O que aprendemos com o jogo? Converse com seu grupo.

HISTÓRIA

Você pode, mais uma vez, organizar a Via-Sacra, porém com um enfoque diferente daquela outra que foi feita. Que tal recordar um pouco o tema ou temas das Campanhas da Fraternidade? Ou então contar a seguinte história. Conte de maneira diferente porque seu catequizando já leu em casa: **Rompa o círculo.**

Canção: Apropriada para o momento. Existem muitas canções bonitas que mostram a doação de Jesus por nós e todo o seu amor.

ATIVIDADES

No livro do catequizando:

a) Vamos refletir: p. 76.

b) Oração ao Senhor dos Milagres: p. 76.

c) Celebração dos Mistérios da Dor: p. 77.

ATENÇÃO: Não fique ansioso e não precipite as coisas; administre as atividades que estão a sua disposição. O importante NÃO É DAR CONTEÚDOS! O importante é que seu catequizando assimile e viva a mensagem em comunidade.

Termine o encontro junto ao altar da Bíblia.

ANOTAÇÕES

20º Tema
Mistérios da Glória (Ambientação)

ACOLHIDA

Pode parecer coisa boba, mas o ambiente tem influência sobre quem o utiliza. Se você tem um ambiente adequado, limpo e bonito, preparado dentro do assunto que está desenvolvendo, você garante mais de 50% de sua catequese. É isso mesmo: metade do sucesso de seu encontro está dependendo do ambiente físico onde ele acontece. Prepare seu ambiente para uma boa acolhida. No cantinho da oração, o altar estará enfeitado com o CÍRIO PASCAL e tudo aquilo que nos lembre a PÁSCOA.

RECREAÇÃO

Trincheira

Material: Uma bola.
Formação: Participantes em círculo, pés afastados, de maneira que o pé direito de um toque no pé esquerdo do outro. Corpo curvado à frente. Mãos sobre os joelhos. Um no centro do círculo.

Desenvolvimento: Dado o sinal de início, quem estiver no centro procurará passar a bola entre as pernas de qualquer elemento do círculo, que procurará, por sua vez, evitar empurrando a bola com as mãos e voltando à posição primeira (mãos sobre os joelhos). Quem deixar passar a bola substitui a do centro do círculo.

Fim: O jogo termina quando declinar o interesse ou quando se esgotar o tempo.

O que aprendemos com o jogo? Converse com o grupo.

HISTÓRIA

Oi, eu sou Jesus! (Você já sabe: precisa contar a história de um jeito diferente.)
Canção: De alegria, proclamando o Cristo vivo em nosso meio.

ATIVIDADES

No livro do catequizando:

a) Pesquisa bíblica: p. 80.

b) Vamos refletir: p. 80.

c) Receita inspirada na Bíblia

Tabule

Ingredientes:
3 tomates bem picados em quadrinhos;
2 pepinos descascados picados em quadrinhos;
½ cebola ralada;
½ xícara de hortelã picada;
1 xícara de salsinha picada;
½ xícara de trigo para quibe somente lavado e bem escorrido;
3 colheres de sopa de azeite;
suco de dois limões;
1 colher de sobremesa de sal.

Preparo:
Misture todos os ingredientes numa travessa. Coloque o tabule no centro de uma bandeja e enfeite com folhas de alface inteiras ao redor. Sirva acompanhado de folhas de alface tenras e fresquinhas.

d) Mensagem

Termine o encontro no altar da Bíblia.

21º Tema
A ressurreição de Jesus

ACOLHIDA

A beleza atrai. O desleixo afasta. É espontâneo. É bom estar em um lugar bonito. Os catequizandos responderão positivamente a esses esforços estéticos. Converse com todos e cada um sobre como passaram a semana.

RECREAÇÃO

Pega-tampinhas

Material: 30 tampinhas de refrigerante e giz.
Formação: Divida os catequizandos em dois grupos com o mesmo número de participantes; estarão alinhados lado a lado, olhando um grupo para o outro grupo. Entre eles dois círculos desenhados com giz no chão. Combinar que um círculo será de um grupo e o outro do outro grupo. Cada grupo terá 15 tampinhas de refrigerantes (que não sejam de plástico) no círculo correspondente.

Desenvolvimento: O orientador da atividade (catequista) deverá numerar os participantes de cada grupo. Exemplo: suponhamos que você tenha 30 catequizandos (que exagero!). Serão 15 de um grupo e 15 de outro. Serão numerados de um a quinze, de tal maneira que são dois números de cada.

O jogo terá início quando o catequista chamar um número. Por exemplo: o número 5! Sairão o cinco de um grupo e o cinco do outro grupo e se dirigirão a seu círculo correspondente. A TAREFA SERÁ PEGAR TODAS AS TAMPINHAS EM UMA DAS MÃOS (determinar antes de iniciar com qual delas trabalharão), E COM A OUTRA MÃO ATRÁS DAS COSTAS. Ao recolhê-las (todas) deverá ficar de pé e levantar as mãos.

Final: Continue dizendo números enquanto perdurar o interesse ou tempo que você tiver para esta atividade. Você deve agilizar a chamada dos números até que mais ninguém consiga apanhar as tampinhas. Você pode determinar alguém para contar qual grupo conseguiu apanhar mais tampinhas.

O que aprendemos com o jogo?

HISTÓRIA

Escolha acertada. (Você deve contá-la de maneira diferente.)
Canção: Será escolhida dentro do assunto.

ATIVIDADES

No livro do catequizando:

a) Vamos refletir: p. 84.

b) Caça-palavras: p. 85.

Encerre o encontro com orações e louvor.

ANOTAÇÕES

22º Tema
A ascensão de Jesus aos céus

ACOLHIDA

Queremos incentivar os catequistas a valorizarem a estética no ambiente do encontro. Tudo pode ser muito simples, mas precisa ser bonito. Então: mãos à obra! Murais, painéis, cartazes dentro do assunto de seu encontro. Tudo varrido e limpo. Converse com cada um sobre como passou a semana. Releia as "dicas" de uma boa acolhida.

RECREAÇÃO

Bom dia!

Formação: Os participantes, de mãos dadas, formam um círculo. No centro ficará alguém com os olhos fechados (*não amarrar nada nos olhos das pessoas*).

Desenvolvimento: Dado o início do jogo, o círculo rodará para a direita ou para a esquerda. Pode-se cantar e dançar. Em dado momento o do centro baterá palmas e a roda parará. Em seguida ele apontará para qualquer parte do círculo e dirá: BOM DIA! Quem foi apontado responderá: BOM DIA! O do centro da roda tentará identificar quem falou, dizendo seu nome.

Caso se equivoque, poderá tentar acertar (terá duas chances). Se acertar, a pessoa apontada irá para o centro e o outro volta para seu lugar na roda. Caso não haja acerto, escolhe-se outra pessoa para substituir a do centro.

Final: O jogo continuará enquanto perdurar o interesse ou o tempo disponível.

Objetivo: desenvolver o ritmo e a percepção auditiva.

O que aprendemos com o jogo? Converse com o grupo.

HISTÓRIA

Solidariedade. (Conte a história de maneira diferente.)

Canção: Será escolhida dentro do tema que estamos desenvolvendo.

ATIVIDADES

No livro do catequizando:

a) Vamos refletir: p. 89.

b) Receita inspirada na Bíblia

Quibe frito ou assado

Ingredientes:
1 kg de carne moída (passar duas vezes na máquina);
½ kg de trigo para quibe;
20 folhas de hortelã picadas;
2 cebolas médias ou grandes bem picadas;
sal e pimenta síria a gosto.

Preparo:
Lave o trigo para quibe e deixe de molho por uma hora. Escorra a água e aperte bem o trigo para deixá-lo bem seco. Misture-o bem com a carne em uma gamela de madeira. Junte as cebolas e a hortelã bem picadinhas, o sal e a pimenta síria. Misture muito bem até dar uma boa liga para modelar os quibes. Modele os quibes com as mãos molhadas, em formato oval ou achatado, e os frite em óleo bem quente (por um tempo de sete a nove minutos), virando-os várias vezes até ficarem crocantes.

Para uma alimentação mais saudável, sugerimos assar o quibe. Para isso, espalhe uma parte da massa em um pirex ou forma untada com óleo, recheie com carne moída refogada em azeite com sal, alho, cebola, cheiro-verde, bem temperada como para recheio de pastel. Cubra com o restante da massa e alise bem com as mãos molhadas. Corte em quadrados com uma faca indo até o fundo da forma. Cubra com um fio de azeite e asse a 180 graus por 30 minutos. Para saber se está no ponto é só enfiar um palito na massa: se o palito sair limpo, está no ponto – apenas deixe dourar um pouco.

c) Jogo de perguntas e respostas. Ver neste livro a p. 108.

d) Mensagem: livro do catequizando, p. 89.

Encerre o encontro com precess e cânticos, no altar da Bíblia.

ANOTAÇÕES

23º Tema
A vinda do Espírito Santo sobre Maria e os Apóstolos

ACOLHIDA

A sala do encontro estará varrida e sem poeira; tapete e almofadas no lugar de cadeiras. O cantinho da oração com a mesa forrada com uma toalha, a bíblia, flores, velas. Converse com seus catequizandos.

RECREAÇÃO

Salta um

Material: Uma bola.
Formação: Todos se colocarão diante de uma parede, mantendo uma boa distância.
Desenvolvimento: Alguém se separa do grupo e lança a bola contra a parede, ao mesmo tempo que grita um nome. O participante cujo nome foi chamado apanhará a bola quando esta saltar no chão pela primeira vez. Jogará por sua vez a bola novamente, chamando outro nome. E assim o jogo prossegue. O jogador que for chamado e não conseguir apanhar a bola voltará a seu lugar até que seja chamado novamente. Seu antecessor jogará a bola novamente.

Final: O jogo perdura até quando o grupo estiver interessado ou haja tempo para esta atividade.

Nota: Percebe-se a importância do jogo no que concerne ao conhecimento entre os membros do grupo e a atenção a ser exercitada.

O que aprendemos com o jogo? Converse com o grupo.

HISTÓRIA

O cachorro e o tigre. (Conte a história de modo diferente.)
Canção: Dentro do assunto; o Espírito Santo que nos conduz.

ATIVIDADES

No livro do catequizando:

a) Pesquisa bíblica: p. 92.

b) Vamos refletir: p. 93.

Encerre o encontro, no altar da Bíblia, em oração, louvor e ação de graças pelo dom do Espírito que nos foi derramado.

ANOTAÇÕES

24º Tema
A Assunção de Nossa Senhora

ACOLHIDA

Os cartazes serão artisticamente confeccionados, sem letras tortas e desproporcionais. As músicas cantadas de modo singelo, mas sem perder a beleza. E converse com todos e cada um de seu grupo.

RECREAÇÃO

As cores

Formação: Participantes sentados à vontade.
Desenvolvimento: Escolhe-se uma cor. Por exemplo: o verde. O catequista pedirá a cada participante que cite um objeto verde existente no local. É dado o tempo de 20 segundos para responder. A resposta será dada assim: verde é a blusa de Antônio, verde é a bermuda da Carla etc.
Final: O jogo prossegue até declinar o interesse ou se esgotar o tempo previsto.

Atenção: Esse jogo pretende incentivar o conhecimento dos nomes dos colegas do grupo, assim como o catequista deverá aprender os nomes de todos.

O que aprendemos com o jogo? Converse com o grupo.

HISTÓRIA

O amigo leal. (Conte a história de modo diferente.)
Canção: De acordo com o tema do encontro.

ATIVIDADES

No livro do catequizando:

a) Vamos refletir: p. 96.

b) Receita inspirada na Bíblia

As aves e os peixes, normalmente, substituíam a carne vermelha. A carne vermelha de gado, graúdo ou miúdo, era consumida só em ocasiões especiais, sendo considerada até como um alimento de luxo, e era servida cozida ou, preferencialmente, assada. Diversas passagens bíblicas nos mostram o uso da carne como oferenda a Deus. Nos primeiros livros da Bíblia, os pedidos do povo de Deus eram santificados por meio de rituais envolvendo animais assados (Gn 8,20-21). Os sacrifícios de animais eram oferecidos em ação de graças a Deus e serviam também para expiação dos pecados do povo (Nm 15,2-3).

O povo simples só consumia carne vermelha em ocasiões muito especiais, como dissemos, nos sacrifícios, ou então para receber hóspedes importantes (Gn 18,7-8). Utilizavam geralmente carnes de cabra, carneiro, vaca ou mesmo vitelo (1Sm 25,18; Gn 18,7; 1Rs 4,23; Am 6,4).

A Lei de Moisés permitia-lhes ainda o consumo da caça, como veados, gazelas e gamos (Dt 14,4-5). Já o consumo de pombos, passarinhos e rolas era muito comum, pois essas aves eram abundantes e não custavam caro no mercado. As galinhas só foram conhecidas pelos hebreus no tempo do exílio, e os ovos, utilizados como alimento, só são mencionados no Novo Testamento. O peixe, nas regiões onde havia fartura deles, era o alimento básico do povo pobre (cf. *Convidados para o Banquete – Culinária da Época de Jesus*).

Carneiro assado ao molho de hortelã

Ingredientes:
2 kg de pernil de carneiro;
4 dentes de alho espremidos;
2 colheres de sopa de mostarda;
1 copo de vinho branco;

1 xícara de folhas de hortelã frescas e picadas;
½ xícara de azeite;
sal e pimenta a gosto.

Preparo:

Tempere de véspera, deixando 24 horas no tempero. Inicialmente, esfregue bem com alho e sal todo o pernil de carneiro. Deixe descansar um pouco para pegar o gosto do alho e penetrar o sal. Após isso, tempere-o com os outros ingredientes. Vire várias vezes a perna do carneiro nessa vinha de alho para pegar bem o sabor dos temperos. Para assar, pré-aqueça o forno a 220 graus e coloque o carneiro coberto com papel alumínio, reduzindo a temperatura do forno para 180 graus. Leva mais ou menos três horas para assar.

Para fazer o molho de hortelã, bata no liquidificador: uma xícara de folhas de hortelã com ½ xícara do molho que se formou na assadeira e leve ao fogo para engrossar. Coloque em uma molheira e sirva à mesa para ser usado sobre a carne. Sirva o carneiro acompanhado de arroz com amêndoas e salada de legumes crus.

Sugestão para salada de acompanhamento: Corte dois rabanetes em rodelas finas, dois pepinos também em rodelas e três tomates em cubos. Tempere com o seguinte molho: suco de um limão, quatro colheres de sopa de salsa picada, três colheres de sopa de hortelã picada, um dente de alho socado, sal, pimenta síria e ½ xícara de azeite. Decore com folhas inteiras de alface e na hora de servir salpique pedacinhos de pão sírio torrado.

c) Resposta para a atividade de desembaralhar as letras: frango, ganso, perdiz, codorna, pomba. Você pode buscar textos bíblicos que mencionem essas aves.

Encerre o encontro, louvando a Nossa Senhora.
Dividir as tarefas para a celebração do terço.

ANOTAÇÕES

25º Tema
A coroação de Nossa Senhora como Rainha do Céu e da Terra

ACOLHIDA

O material usado pelo catequista deveria fazer-se notar pelo capricho. O próprio catequista – é verdade! – deveria estar bem-arrumado, para que sua presença causasse uma ótima impressão. Converse com todos e cada um.

RECREAÇÃO

A sementinha

Formação: Converse com seus catequizandos que farão a experiência da semente; cada um vai ser uma semente do que quiser. Que ao som de uma música ela vai crescer, desenvolver-se, florir, dar frutos, enfrentar tempestades, agressões, violências, terra ruim, seca, falta de água etc.

Desenvolvimento: Coloque, então, uma música orquestrada e observe as reações dos participantes. Recomende fechar os olhos e começar agachadas ou deitadas no chão, como sementes antes de nascer.

Final: Ao terminar a canção, termina o exercício. Converse com cada um sobre qual semente escolheu ser, o que sentiu, como nasceu, se produziu frutos, quais as dificuldades que enfrentou etc.

O que aprendemos com a atividade? Relacionar com o tema do encontro.

HISTÓRIA

O urso faminto. (Conte a história de modo diferente.)
Canção: dentro do assunto.

ATIVIDADES

No livro do catequizando:

a) Vamos refletir: Conferir os textos da Bíblia e do Catecismo e conversar sobre eles, p. 100.

b) Celebração dos Mistérios da Glória: p. 100.

Encerre o encontro com muita alegria e música.

ANOTAÇÕES

26º Tema
Expressando a nossa fé!

ACOLHIDA

O ambiente estará preparado, levando em consideração que estamos terminando mais uma etapa (Pré-Crisma); mesa com toalha e flores, bíblia, velas, sugestivos painéis insinuando show musical, quinto evangelho...

RECREAÇÃO

Continue trabalhando aquele aspecto que você considera importante para seu grupo na etapa em que se encontra. Sugerimos:

Andar de ré

Formação: Os participantes formam grupos de três, de mãos dadas; as duas da extremidade voltadas para frente e a do meio de costas. Traçam-se duas linhas paralelas, em uma distância de aproximadamente 20 metros. Uma será a linha de partida e a outra a linha de chegada. Todos os grupos ficam atrás da linha de partida.

Desenvolvimento: Dado o sinal, os grupos partem em direção à linha de chegada. É proibido à pessoa do meio voltar-se para frente. O grupo em que a pessoa cair ou se voltar para frente retorna à linha de partida e recomeça tudo novamente.

Final: É proclamado vencedor o trio que atingir primeiro a linha de chegada. Aplausos.

O que aprendemos com o jogo?

HISTÓRIA

Deus e o ateu.

Canção: Que trate do assunto da fé, de fazer o bem. De ser justo e fraterno.

ATIVIDADES

Neste encontro escolherão a atividade que será realizada para encerrar a caminhada catequética: verificar aqui no livro do catequista (nas atividades diversas). A partir do momento em que decidirem o que será feito, repartir as responsabilidades e envolver a todos no processo: catequizandos, pais, padrinhos e membros da comunidade paroquial. Dá para perceber que o trabalho é muito grande e vai exigir de todos uma articulação bem-feita: marquem quantas reuniões preparatórias sejam necessárias.

E que esse momento seja de muita alegria para todos, pais, filhos, catequistas... E até o próximo JESUS É 10! CRISMA.

ANOTAÇÕES

PREPARANDO AS ATIVIDADES
Atividades diversas para a Catequese de Pré-Crisma

a) Encontro "Vinde e Vede"
Encontro de Animação Espiritual (E.A.E.)
(Abertura da Catequese)

"Voltou-se Jesus e viu que o seguiam. E disse-lhes: 'Que buscais?' Responderam-lhe: 'Rabi (esta palavra quer dizer Mestre), onde moras?' 'Vinde e vede', disse Ele. Eles foram, viram onde morava e nesse dia ficaram com Ele." (Jo 1,38-39)

Este é um encontro de três dias PARA INICIAR A CATEQUESE, a primeiríssima atividade da catequese. É onde o grupo vai ser organizado e formado. Importante buscar uma casa de retiro para esta finalidade.

As equipes de apoio do encontro "Vinde e Vede".

1. Equipe da espiritualidade: Esta equipe se encarregará de providenciar e acompanhar tudo o que se relaciona com capela, vigília, oração, textos ou livros para reflexão etc. Também preparará a celebração final do encontro.

2. Equipe do lanche: Deverá providenciar tudo o que se relaciona com o café nos momentos de intervalo e o que vai ser servido (bolachas, sanduíches etc.). Destacarão alguém da equipe que será o SALIM. O Salim é uma pessoa (menino ou menina ou um casal) que, nos momentos de intervalo, passa entre os participantes do encontro vendendo balas, pirulitos, bombons etc., animando todos a cantar e participar. Todos devem zelar pela limpeza do material do café.

3. Equipe da vassoura: Deverão cuidar da limpeza do local do encontro: salas, corredores, banheiros... E ajudam a preparar o refeitório para as refeições.

4. Equipe do grude ou do "rango": Serão responsáveis pelo material da cozinha, de preparar a comida, determinar o cardápio; deverão decorar o local das refeições com cartazes sugestivos e alegres; deverão preparar lembranças para os participantes do encontro para serem distribuídas nas refeições.

5. Equipe da música: Deverão multiplicar os cantos que serão utilizados no encontro. Ou então escolhê-los. Devem incentivar o canto, animar a todos. Cuidarão dos instrumentos e do som. Serão também responsáveis pelos momentos de recreação do encontro, sobretudo depois das refeições; devem providenciar jogos e atividades recreativas para esses momentos.

6. Equipe de acompanhamento: Serão responsáveis pela acolhida dos participantes durante todo o encontro, assim como prestar todas as informações necessárias; todos os textos dos círculos serão de sua responsabilidade, assim como as perguntas; incentivar a participação de todos nos círculos de estudo (serão eles os coordenadores). O andamento do encontro depende dessa equipe juntamente com o coordenador geral do mesmo (apresentador). Todos os problemas que eles perceberem devem ser comunicados de imediato ao padre que está acompanhando o encontro, para que se providencie o acompanhamento. Os subgrupos que se formarão não devem ultrapassar a 15 membros por subgrupo. Cada um deles terá um casal responsável. Pode ser um casal de jovens ou os pais, ou os catequistas, que se disponham a fazer o acompanhamento. **Atenção:** esse grupo é o que pode continuar depois do encontro, no decorrer da catequese.

7. Apresentador/coordenador: De posse do roteiro do encontro, ele deverá zelar, encaminhar e orientar os crismandos; anunciar os assuntos e atividades; manter a alegria e descontração do grupo nos intervalos; dar todos os avisos e comunicados dentro do encontro; apresentar as equipes quando chegar a hora, dizendo as funções de cada uma.

8. Grupo da amizade: Esta equipe manterá contato com as famílias dos crismandos. Deverão recolher mensagens dos parentes e amigos dos crismandos para serem entregues no final do encontro; explicar para as famílias o sentido do encontro; convocar os familiares para que participem da missa de encerramento do encontro. No final do encontro terão um momento com os crismandos para a entrega das mensagens recolhidas nas famílias. Eles deixarão também mensagens em casa para os crismandos.

9. Grupo da comunicação: Será tarefa desta equipe confeccionar cartazes dentro dos assuntos do encontro, colocar esses cartazes nas salas e corredores, ordenar as fichas dos crismandos, preparar os crachás, preparar a síntese de cada palestra ou trabalho desenvolvido no encontro, preparar a lista de endereços de todos os que estão atuando no encontro (preparar o quadrante com essas informações). O quadrante será entregue no final do encontro... Todos levarão o endereço de todos, assim como o que aconteceu durante o encontro.

O **"Vinde e vede"** tem como objetivo principal proporcionar aos crismandos a oportunidade de uma convivência forte e uma experiência religiosa, tendo em vista o processo da catequese. A tendência dos grupos formados nesses tipos de encontros é permanecer depois. Aí surge o encaminhamento oportuno para que participem de atividades paroquiais e pastorais.

Sugestão de horário e desenvolvimento de temas, com os respectivos responsáveis:

Sexta-feira

18h – Acolhida. Crachás. Muita música e animação. Os participantes estão chegando ao local do encontro. São encaminhados para os quartos para deixarem a bagagem. (Equipe de acompanhamento, equipe de música, apresentador.)

19h30 – Jantar – Equipe do "rango".

20h30 – Plenário – Orientações sobre o encontro e seu funcionamento (coordenador ou apresentador).

20h45 – **O plano de Deus (palestra).**

21h30 – Mesa-redonda (círculo de estudo) – confecção do termo de compromisso (Equipe de acompanhamento). O casal-coordenador se preocupará em que todos deem sua opinião. As opiniões serão levadas em consideração na hora da confecção do termo de compromisso.

22h30 – Reflexão na capela (Equipe de espiritualidade).

22h45 – Oração da noite nos quartos. Em cada quarto estará a oração que deverá ser feita antes de dormir (Equipe de espiritualidade).

Sábado

6h – Despertar (Coordenador).
7h – Oração da manhã (Equipe de espiritualidade).
7h30 – Café da manhã (Equipe do café).
8h – **O pecado (palestra).**
9h – Mesa-redonda (Círculo de estudo) – Redação do termo de compromisso (Equipe de acompanhamento).
10h – Café (Equipe do café).
10h30 – Plenário (todos os subgrupos juntos). Tirar conclusões a partir do trabalho de todos (Equipe de acompanhamento e coordenador). Hora de saber o que andaram pensando... Leitura dos termos de compromisso.
11h30 – Momento de louvor e muita animação (Equipe de música).
12h – Almoço (Equipe do "rango" ou grude).

A equipe da música preparará atividades diversas de jogos leves e dinâmicas para manter o grupo unido.

13h30 – **Jesus Cristo (palestra)**
14h30 – Deserto: primeiro individualmente, depois em duplas – Equipe de acompanhamento: importante que cada participante tenha um roteiro de perguntas para ajudar no "deserto". Para que ele possa pensar sem ficar disperso.
15h – Café (Equipe do café).
15h30 – Mesa-redonda sobre a palestra de Jesus Cristo – Termo de compromisso (Equipe de acompanhamento).
16h30 – Cada subgrupo receberá uma passagem do evangelho contendo uma parábola. O grupo vai fazer a apresentação da parábola para seus colegas. Devem trazer a mensagem para os dias de hoje (Equipe de acompanhamento).
17h – Apresentação das parábolas em plenário (Coordenador e acompanhamento).
17h30 – Tempo para o banho (Equipe de animação faz seu agito para acelerar o banho e evitar atrasos).
18h30 – Jantar (Equipe do grude ou rango).
19h – Intervalo para escovar os dentes, ir ao banheiro etc.
19h30 – **Celebração penitencial e renovação das promessas do Batismo (Equipe de espiritualidade).** Caprichar bastante neste momento. Muito importante falar ao coração dos jovens.
22h – Descanso.

Domingo

6h – Despertar (Coordenador).
7h – Oração da manhã (Equipe de espiritualidade).
7h30 – Café da manhã – Equipe do café.

8h – **Virgem Maria (palestra).**

9h – Intervalo para café (Equipe do café).

9h30 – Mesa-redonda – Perguntas sobre Nossa Senhora. Termo de compromisso (Equipe de acompanhamento).

10h30 – Cada subgrupo de trabalho preparará uma mensagem para os outros grupos: pode ser música, poesia, jogral etc. Mensagem de amizade e companheirismo. Pode ser também algo cômico, alegre, divertido.

11h30 – Almoço (Equipe do grude).

12h30 – **A Eucaristia na vida do cristão – Testemunho jovem.**

13h30 – Mesa-redonda sobre eucaristia – Termo de compromisso (Equipe de acompanhamento).

14h30 – Alguém da paróquia vai mostrar onde e como os jovens podem participar ativamente na paróquia.

15h30 – Banho – arrumar as malas e quartos (Equipe de acompanhamento).

16h30 – Café reforçado (Equipe do café e do grude).

17h – **Eucaristia de encerramento do encontro.** Os pais podem e devem estar presentes (Equipes de espiritualidade e amizade).

18h – Todos, adolescentes e familiares, são convidados a participar do momento de descontração e mensagem que foi preparado durante o encontro. Em primeiro lugar o que for cômico e brincadeira, em seguida as mensagens sérias dos grupos. Se for necessário mais tempo de preparação, pode-se pegar um tempo no sábado, depois do almoço, para esta tarefa (Coordenador).

Neste momento podem apresentar-se para encontristas e pais as equipes que trabalharam durante o encontro e tornaram possível o trabalho. Mas sem agitação ou gritos. Uma coisa bem simples.

Nota: Talvez não tenhamos tantas equipes no primeiro encontro por não termos ainda jovens suficientemente motivados. A questão resolve-se a partir do primeiro encontro que se realize.

OBSERVAÇÕES

1. Os palestristas devem ser muito bem-orientados, de preferência pelo padre que acompanhará o grupo. Devem estudar muito e rezar. Vai depender deles a interação fé e vida e trazer a mensagem para a vida de cada um. Evidentemente, se preferir, em vez de palestra, pode-se propor alguma atividade em torno do tema a ser tratado (estudo de grupo, estudo dirigido, reflexão, dinâmica de grupo etc.).

2. O que é a **mesa-redonda**? É o momento de conversar sobre o conteúdo de cada palestra. Normalmente é feito a partir de perguntas que a equipe de acompanhamento preparará, para cada momento. Tem relação sempre com o assunto da palestra que virá logo em seguida ou já foi realizada. Atividade realizada nos subgrupos. Ainda que possa ser feita **com todo mundo junto, o grupão**. Grupos menores são mais viáveis.

3. O que é o **termo de compromisso**? É, nada mais nada menos, cada jovem participante do encontro **dizer, expressar** sua opinião, dizendo **qual compromisso ele assumirá a partir do que foi refletido na mesa-redonda.** O que ele está levando para a vida. Com o que ele disser será feito um documento que ele levará para casa, com o compromisso de levar adiante o que ele e seus colegas disseram.

4. O que é o **deserto**? É um momento em que o jovem participante do encontro se retira, fica sozinho; para facilitar, pode-se colocar em suas mãos um pequeno roteiro de reflexão, algumas perguntas, talvez...

5. Como desenvolver cada item fica a critério dos organizadores. O que aqui apresentamos são sugestões. Cada comunidade pode detalhar melhor a partir de sua própria realidade. Quanto aos temas, pode ser o que assinalamos ou se pode escolher outros do interesse do grupo de catequistas e adolescentes.

6. Quanto à apresentação **das equipes de apoio**: é quando se apresentam aos participantes todas aquelas pessoas que trabalharam no encontro. Em alguns encontros que realizamos, as equipes trabalharam escondidas e só apareciam neste momento. Em outros, as equipes não ficavam escondidas. **Fica a critério de quem organiza o encontro e o local onde ele acontece.**

7. A Equipe de **Acompanhamento** deve ser cuidada com muito carinho. Seria interessante que fosse dada função para ela **depois do encontro**, no decorrer da catequese. Podem ser catequistas... E o subgrupo formado seria seu grupo de catequizandos posteriormente. São opções. Pensem com carinho...

8. Percebe-se que o **"Vinde e Vede"** é uma atividade que vai exigir um bom grupo na paróquia, de pais, de catequistas, de jovens dispostos a evangelizar outros jovens... E o grande segredo é **preparar tudo nos mínimos detalhes**. Pelo menos uns dois meses de antecedência. Existe o "Vinde e Vede 2", cuja estrutura é a mesma, sendo o grupo de participantes aqueles jovens que estão na preparação imediata para a recepção do sacramento e estão trabalhando o JESUS É 10! CRISMA. A temática será determinada por eles, juntamente com seus catequistas.

9. Não faz falta dizer que o Pároco há de encabeçar essa iniciativa.

b) Show musical "Jesus é 10"
Orientações para organizar o show

1. Todos os crismandos podem e devem participar deste momento de alegria e partilha. Assim como os pais e padrinhos.

2. Formarão subgrupos com números iguais de membros. (A quantidade ideal é acima de dez pessoas, dado o volume de atividades em que os subgrupos estarão envolvidos.)

3. A cada subgrupo será confiado realizar as seguintes tarefas:
   a) Cada subgrupo escolherá um nome **bíblico**, de preferência relacionado com Jesus e a Igreja.
   b) Cada subgrupo terá como missão **pintar um mural** (local a ser designado pelo padre); pode ser o muro da paróquia, do salão paroquial ou outro muro apropriado para esse tipo de atividade. Vamos grafitar coisas bonitas de nossa fé em um lugar onde todos possam ver e se admirar.

c) O tema a grafitar será a escolher entre os aspectos estudados sobre Jesus e todos eles relacionados com a nossa vida. Pede-se que o tema não se repita.

d) A cada subgrupo será proposta uma canção (ou que cada subgrupo escolha) também relacionada com Jesus e a Igreja. Será feita uma **coreografia da canção a ser criada pelo subgrupo e apresentada em tempo oportuno**, que indicaremos mais adiante. (A coreografia terá cenário, figurino, com tudo aquilo que a imaginação do grupo alcançar e conseguir criar.)

e) A cada subgrupo caberá assistir a uma instituição (asilos, creches comunitárias, escolas, postos de saúde, famílias carentes). Os jovens deverão visitá-los e saber quais são as necessidades mais prementes. E conforme a necessidade, será feita uma campanha em toda a paróquia com o intuito de arrecadar entre todos o que seja necessário.

f) Em dia e hora combinados, todos, jovens crismandos, pais, padrinhos e amigos, se reunirão no salão paroquial ou em um lugar grande o suficiente para acolher a todos confortavelmente para o que podemos chamar de Show "Jesus é 10". Momento de louvor, oração e alegria:

– cada subgrupo se apresenta dizendo seu nome, qual a instituição que está representando, o que foi arrecadado e a quantidade;

– logo em seguida apresenta sua coreografia. Momento em que todos podem participar cantando e se alegrando pela fraternidade e partilha;

– o subgrupo anuncia o local onde se encontra seu mural. E termina fazendo sua prece especial pelas pessoas que eles tiveram a oportunidade de ajudar.

ATENÇÃO

1. Não se trata de festival, de fundo competitivo, e sim de um show, em que todos terão a oportunidade de participar sem a ânsia de ganhar e com alegria por estar ajudando as pessoas da comunidade. É um momento para fazer um pouco de verdadeiras obras de arte nos muros da paróquia.

2. Pode ser um momento de festa em que poderão fazer barraquinhas, também beneficentes, com *Culinária da Época de Jesus*, receitas que estão assinaladas no decorrer dos encontros. A renda pode ser direcionada para aquelas necessidades que detectarem na comunidade... ou na catequese.

c) Dia do Quinto Evangelho

1. **A rigor** não existe o **"Quinto Evangelho"**, mas... "o texto de Hb 13,8, retamente entendido, dá uma pista importante. Celebrar Cristo e seu jubileu não é simplesmente repetir a compreensão de Cristo que outros tiveram no passado ou expressar a fé em Cristo unicamente com fórmulas de ontem. Como Lucas tinha claramente intuído, afirmamos que não basta relatar com cuidado palavras e fatos do passado (cf. Lc 1,1-4), mas é preciso mostrar Cristo vivo hoje" (*Rumo ao Novo Milênio*, n. 15).

2. "Em outras palavras, como já pedia a *Evangelii Nuntiandi*, a Igreja (e cada um de nós se quiser evangelizar) deve renovar-se permanentemente, buscando incessantemente sua conversão (EN 10) e começando a evangelizar-se a si mesma (EN 15c). Deve, portanto, não simplesmente re-

petir as fórmulas do passado, mas buscar na evangelização novo ardor, novos métodos e novas expressões, em diálogo com a própria época, atenta aos sinais dos tempos. Será que conhecemos bem as diretrizes do Papa João Paulo II com relação a uma 'nova evangelização' (cf., por exemplo, CfL 34ss.; RMi 33,41-60) e as de Santo Domingo (1992), bem como as nossas próprias 'Diretrizes Gerais da Ação evangelizadora' (1995) acerca da evangelização inculturada, encarnada em nossa realidade social e pluricultural?" (*Rumo ao Novo Milênio*, n. 25).

O dia do Quinto Evangelho será assim organizado:

Grupos serão formados para levar a bom termo o que aqui se propõe. Façam uma reunião com esse objetivo: organizar e distribuir tarefas.

1. Pesquisar como Jesus é representado: em estampas, santinhos, camisetas, cartazes, desenhos... Recolher todo esse material para fazer uma **exposição**. Vamos mostrar como Jesus é imaginado pelas pessoas de nosso tempo. Vamos confeccionar um mural e vamos colocar também frases sobre Jesus.
2. Vamos fazer um levantamento e seleção de canções que falem de Jesus, vamos ilustrar e confeccionar cartazes grandes, organizar um painel. Para cantar com aquelas pessoas que forem visitar o Dia do Quinto Evangelho.
3. Testemunhas de Jesus (mártires de nosso tempo). Levantamento da vida, se possível com fotos, daquelas pessoas que, por causa de Jesus, foram perseguidas e/ou assassinadas. Façam um levantamento de nomes e mãos à obra em sua pesquisa...
4. Exposição bíblica. Preparar cartazes didáticos sobre a Bíblia (imaginem que vocês darão encontros sobre a Bíblia).
5. Exposição de desenhos sobre episódios da vida de Jesus, sobre o que Ele disse ou fez...
6. Fotografar esculturas ou pinturas nas Igrejas de seu bairro ou de sua cidade que representam Jesus ou passagens relacionadas com sua vida. Ao fazer a exposição de fotos, dizer onde foi tirada e de qual obra. Basta colocar uma etiqueta ao lado da foto. Observação: isso pode ser feito também com vídeo, se houver acesso a esse recurso...
7. Com serragem colorida, reproduzir (no chão, como aqueles da procissão de *Corpus Christi*) desenhos que representem alguma parábola ou passagem da vida de Jesus.
8. Preparar uma bonita celebração para encerrar o dia.
9. Durante todo o dia, barraquinhas estarão funcionando para vender, a todos que visitarem o **Quinto Evangelho**, comidas típicas do tempo de Jesus.
10. Finalmente: marquem dia, hora, local (deve ser o mais amplo possível para que todos possam visitar os locais onde estarão expostos os trabalhos com relativa facilidade e comodidade, como salão paroquial, escolas da região, clubes etc.) para fazer acontecer e celebrar o **"Dia do Quinto Evangelho"**.
11. Uma banda organizada pelos jovens pode, durante todo o tempo do Quinto Evangelho, animar com canções sobre Jesus e temas religiosos.
12. Os jovens mais animados podem também apresentar peças teatrais mostrando como os jovens de hoje vivenciam e descobrem Jesus em suas vidas, nas circunstâncias mais adversas.
13. E outras coisas que a criatividade de vocês sugerir.

Nota importante: Para cada item assinalado anteriormente haverá alguém responsável para explicar ou orientar os visitantes da exposição do Quinto Evangelho. Então vai explicar como foi feito o trabalho, o que ele significa, quais as dificuldades e outros detalhes que os visitantes quiserem conhecer.

O Quinto Evangelho terá a duração de um dia inteiro. *Ao terminar o dia, **uma linda celebração** com a presença dos crismandos, famílias, padrinhos e madrinhas, e todas as pessoas da comunidade paroquial que desejarem participar. Pode ser a Liturgia Eucarística ou uma Paraliturgia (dependendo da programação das missas na paróquia e da disponibilidade do pároco).*

d) Exposição bíblica

Essa exposição pode durar todo o mês de setembro, bastando assinalar os horários de funcionamento, de acordo com a comunidade que a promove. O que os jovens produziram no início e no decorrer da catequese será de grande utilidade neste momento. Tudo pode fazer parte deste momento.

1. Vários "stands", um para cada atividade.
2. Exemplares da Bíblia em vários idiomas, formatos, tamanhos, edições etc.
3. Painéis com curiosidades sobre a Bíblia, seus livros etc. Como foi formada, fotos da Palestina e das histórias da Bíblia etc.
4. As viagens de São Paulo.
5. Os evangelistas e os evangelhos.
6. Cartazes e painéis sobre as palavras e os feitos de Jesus.
7. Dar um enfoque a partir da campanha da fraternidade do ano em curso.
8. Gincana bíblica envolvendo os jovens e as famílias.
9. Barraquinhas com comidas típicas do tempo de Jesus.
10. Sala de projeção com filmes bíblicos para as crianças e todo mundo que queira participar.
11. Cantinho da história e do colorido para as crianças; contador de histórias; rotor para que as crianças possam recontar suas histórias ou o que elas entenderam; utilizar fantoches e outros recursos para contar a história.
12. Palestras, celebrações, orações de louvor e agradecimento; programar tudo isso.
13. Uma livraria que venderá tudo o que seja de interesse com relação à bíblia e também outras coisas de devoção popular (terços, medalhas, novenas, imagens, livros diversos e, claro, a Bíblia).
14. Maquetes de casas e cidades da época de Jesus, mostrando a forma de construção e como viviam. Os catequizandos e catequistas serão os cicerones para conduzir os visitantes por toda a exposição, explicando e respondendo perguntas.
15. Manequins trajando roupas da época com anotações e curiosidades.
    Para as escolas da região, podem-se organizar visitas sempre com alguém da catequese acompanhando; inclusive uma ajuda para quem lida com ensino religioso escolar. De repente pode ser algo que se faça em conjunto: paróquia e escolas... (os professores podem ajudar bastante nesse tipo de iniciativa, pois são familiarizados com as diversas **feiras** que se realizam nas escolas, cuja organização se assemelha bastante à proposta).

e) Celebração do Terço Missionário

Vamos celebrar
Mistérios da Alegria

É um momento especial na catequese. Deve ser cuidado com muito carinho.

ORIENTAÇÕES INICIAIS

Inicia-se o terço conforme o costume (oferecimento).

Logo em seguida, com um canto escolhido de acordo com o Primeiro Mistério, inicia-se a procissão com a cruz, velas, flores, bíblia, os dois leitores, o dirigente; o **leitor 1** permanece no ambão do lado direito do altar; o **leitor 2**, por sua vez, no lado esquerdo. Será tarefa do **leitor 1** anunciar o texto do catecismo; o **leitor 2** proclamará os textos bíblicos relativos a cada mistério. A tarefa do **dirigente** será anunciar os mistérios, a intenção missionária de cada um e conduzir a oração.

Quais são as intenções missionárias?

Dezena verde: Rezemos pela África, terra verde de florestas, de bandeiras islâmicas e de países jovens por recente independência. Terra mãe de negros, inclusive dos antepassados de metade dos brasileiros. Rezemos pelos 640 milhões de africanos. Pelos 400 milhões de africanos que não são cristãos. Pelos missionários brasileiros que lá evangelizam.

Dezena vermelha: Rezemos pela América, terra vermelha do sangue dos mártires e dos genocídios da conquista. Terra mãe dos índios (peles vermelhas). Continente dividido entre a rica América do Norte e a pobre América Latina, unido pelo também pobre Caribe. Rezemos pelos 725 milhões de americanos. Pelos 70 milhões de não cristãos. Pelos missionários brasileiros que evangelizam nos oito outros países do continente americano.

Dezena branca: Rezemos pela Europa, terra do homem branco e do papa. Terra que deu muitos missionários, mas que está ameaçada pela idolatria da riqueza. Após a queda do muro de Berlim, 500 milhões de europeus do oeste devem aprender a viver com 270 milhões do Leste. Rezemos pelos 250 milhões de ateus e não cristãos. Pelos missionários brasileiros que lá se encontram.

Dezena azul: Rezemos pela Oceania, milhares de ilhas mergulhadas no azul do oceano. O menor dos continentes; em parte superindustrializado, em parte ecológico. Rezemos pelos 26 milhões de habitantes da Oceania. Pelos missionários brasileiros que lá evangelizam.

Dezena amarela: Rezemos pela Ásia, terra da raça amarela, berço de culturas e religiões. Continente de grandes contrastes: entre o gigante chinês, o tecnológico Japão, os pró-rompentes "tigres" e o paupérrimo Bangladesh, vizinho da Índia de Ghandi. Rezemos pelos 3 bilhões e 150 milhões de asiáticos. Pelos 2 milhões e 900 mil de não cristãos. Pelos missionários brasileiros que evangelizam na Ásia.

"O Rosário transporta-nos misticamente para junto de Maria (...), para que Ela nos eduque e nos plasme plenamente até que Cristo esteja formado em nós. Nunca, como no Rosário, o caminho de Cristo e o de Maria aparecem unidos tão profundamente. Maria só vive em Cristo e em função de Cristo." *João Paulo II*

PRIMEIRO MISTÉRIO

Dirigente: No primeiro mistério da alegria, contemplamos a anunciação do Arcanjo São Gabriel à Virgem Maria (Lc 1,26-39; Mt 1,18-25).

Leitor 1: "Ao anúncio de que, sem conhecer homem algum, ela conceberia 'o Filho do Altíssimo' pela virtude do Espírito Santo, Maria respondeu com a 'obediência da fé', certa de que 'nada é impossível a Deus': 'Eu sou a serva do Senhor, faça-se em mim segundo a tua palavra' (Lc 1,37-38). Assim, dando à palavra de Deus seu consentimento, Maria se tornou Mãe de Jesus e, abraçando de todo o coração, sem que nenhum pecado a retivesse, a vontade divina de salvação, entregou-se ela mesma totalmente à pessoa e à obra de seu Filho, para servir, na dependência dele e com Ele, pela graça de Deus, ao Ministério da Redenção (...)" (CIC 494).

Leitor 2: Ler Lc 1,28-38.

Dirigente: Diz a intenção missionária: **dezena verde**. Reza, então, o Pai-nosso e 10 Ave-Marias.

Canto: Ambientação para o segundo mistério.

SEGUNDO MISTÉRIO

Dirigente: No segundo mistério da alegria, contemplamos a visita de Maria a sua prima Isabel (Lc 1,39-56).

Leitor 1: "Denominada nos Evangelhos 'a Mãe de Jesus' (Jo 2,1; 19,25), Maria é aclamada, sob o impulso do Espírito Santo, desde antes do nascimento de seu Filho, como a 'Mãe do meu Senhor' (Lc 1,43). Com efeito, Aquele que ela concebeu do Espírito Santo como homem e que se tornou verdadeiramente seu Filho segundo a carne não é outro que o Filho eterno do Pai, a segunda Pessoa da Santíssima Trindade. A Igreja confessa que Maria é verdadeiramente Mãe de Deus (...)" (CIC 495).

Leitor 2: Ler Lc 1,39-45.

Dirigente: Diz a intenção missionária: **dezena vermelha**. Reza, então, o Pai-nosso e 10 Ave-Marias.

Canto: Ambientação para o terceiro mistério.

TERCEIRO MISTÉRIO

Dirigente: No terceiro mistério da alegria, contemplamos o nascimento de Jesus na gruta de Belém (Lc 2,1-20; 2,21).

Leitor 1: "Jesus nasceu na humildade de um estábulo, em uma família pobre; as primeiras testemunhas do evento são simples pastores. É nesta pobreza que se manifesta a glória do Céu. A Igreja não se cansa de cantar a glória dessa noite:

Hoje a Virgem traz ao mundo o Eterno
e a terra oferece uma gruta ao Inacessível.

Os anjos e os pastores o louvam
e os magos caminham com a estrela.
Pois Vós nascestes por nós,
Menino, Deus eterno" (CIC 525).

Leitor 2: Ler Lc 2,1-7.
Dirigente: Diz a intenção missionária: **dezena branca**. Reza, então, o Pai-nosso e 10 Ave-Marias.
Canto: Ambientação para o quarto mistério.

QUARTO MISTÉRIO

Dirigente: No quarto mistério da alegria, contemplamos a apresentação de Jesus no templo, onde Maria encontra o velho Simeão (Lc 2,22-38).
Leitor 1: "A apresentação de Jesus no Templo mostra-o como o Primogênito pertencente ao Senhor. Com Simeão e Ana, é toda a espera de Israel que vem ao encontro de seu Salvador (...). Jesus é reconhecido como o Messias tão esperado, 'luz das nações' e 'Glória de Israel', mas também 'sinal de contradição'. A espada de dor predita a Maria anuncia esta outra oblação, perfeita e única, da Cruz, que dará a salvação que Deus 'preparou diante de todos os povos'" (CIC 529).
Leitor 2: Ler Lc 2,25-40.
Dirigente: Diz a intenção missionária: **dezena azul**. Reza, então, o Pai-nosso e 10 Ave-Marias.
Canto: Ambientação para o quinto mistério.

QUINTO MISTÉRIO

Dirigente: No quinto mistério da alegria, contemplamos Jesus perdido e encontrado no templo entre os doutores (Lc 2,41-52).
Leitor 1: "O reencontro de Jesus no Templo é o único acontecimento que rompe o silêncio dos Evangelhos sobre os anos ocultos de Jesus. Nele Jesus deixa entrever o mistério de sua consagração total a uma missão decorrente de sua filiação divina: 'Não sabíeis que devo estar na casa de meu Pai?' (Lc 2,49). Maria e José 'não compreenderam' esta palavra, mas a acolheram na fé, e Maria 'guardava a lembrança de todos esses fatos em seu coração' (Lc 2,51), ao longo dos anos todos em que Jesus permanecia mergulhado no silêncio de uma vida comum" (CIC 534).
Leitor 2: Ler Lc 2,41-52.
Dirigente: Diz a intenção missionária: **dezena amarela**. Reza, então, o Pai-nosso e 10 Ave--Marias.

Termina-se conforme o costume: agradecimento e Salve-Rainha.

Durante a saída do dirigente, dos leitores acompanhados pela cruz, velas, bíblia etc., pode-se cantar um canto final. Ver Lc 2,39-40; Mt 2,19-23.

Pode-se, dado o clima criado, estabelecer um ciclo de homenagens a Nossa Senhora com coroações e tudo o mais. Envolvimento com os pais, padrinhos e comunidade.

Outros textos do Catecismo da Igreja Católica que podem ser usados:

– Primeiro Mistério: 484, 485, 486.
– Segundo Mistério: 488, 489, 503, 504.
– Terceiro Mistério: 527, 528, 530.
– Quarto Mistério: 531, 532, 533.
– Quinto Mistério: 516, 517, 518.

Vamos celebrar
Mistérios da Luz

ORIENTAÇÕES INICIAIS

Inicia-se o terço conforme o costume (oferecimento).

Logo em seguida, com um canto escolhido de acordo com o Primeiro Mistério, inicia-se a procissão com a cruz, velas, flores, bíblia, os dois leitores, o dirigente; o **leitor 1** permanece no ambão do lado direito do altar; o **leitor 2**, por sua vez, no lado esquerdo. Será tarefa do **leitor 1** anunciar o texto do catecismo; o **leitor 2** proclamará os textos bíblicos relativos a cada mistério. A tarefa do **dirigente** será anunciar os mistérios, a intenção missionária de cada um e conduzir a oração.

PRIMEIRO MISTÉRIO

Dirigente: No primeiro mistério da luz, contemplamos Jesus sendo batizado por João Batista no rio Jordão.

Leitor 1: "A vida pública de Jesus tem início com seu Batismo por João no rio Jordão. João Batista proclamava 'um batismo de arrependimento para a remissão dos pecado' (Lc 3,3). Uma multidão de pecadores, de publicanos e soldados, fariseus e saduceus e prostitutas vem fazer-se batizar por ele. Jesus aparece, o Batista hesita, mas Jesus insiste. E Ele recebe o Batismo. Então o Espírito Santo, sob a forma de pomba, vem sobre Jesus, e a voz do céu proclama: 'Este é o meu Filho bem-amado' (Mt 3,13-17). É a manifestação (Epifania) de Jesus como Messias de Israel e Filho de Deus" (CIC 535).

Leitor 2: Lê Mt 3,13-16.

Dirigente: Diz a intenção missionária: **dezena verde**. Reza, então, o Pai-nosso e 10 Ave-Marias.

Canto: Ambientação para o segundo mistério.

SEGUNDO MISTÉRIO

Dirigente: No segundo mistério da luz, contemplamos Jesus nas Bodas de Caná, quando, a pedido de sua mãe, transforma água em vinho (Jo 2,1-12).

Leitor 1: "Os sinais operados por Jesus testemunham que o Pai o enviou. Convidam a crer nele. Aos que a Ele se dirigem com fé, concede o que pedem. Assim, os milagres fortificam a fé naquele que realiza as obras de seu Pai: testemunham que Ele é o Filho de Deus. Eles podem também ser 'ocasião de escândalo'. Não se destinam a satisfazer a curiosidade e os desejos mágicos. Apesar de seus milagres tão evidentes, Jesus é rejeitado por alguns; acusam-no até de agir por intermédio dos demônios" (CIC 548).

Leitor 2: Ler Jo 2,1-12.

Dirigente: Diz a intenção missionária: **dezena vermelha**. Reza, então, o Pai-nosso e 10 Ave-Marias.

Canto: Ambientação para o terceiro mistério.

TERCEIRO MISTÉRIO

Dirigente: No terceiro mistério da luz, contemplamos Jesus anunciando o reino de Deus e convidando à conversão.

Leitor 1: "'Depois que João foi preso, veio Jesus para a Galileia proclamando o Evangelho de Deus: Cumpriu-se o tempo e o Reino de Deus está próximo. Convertei-vos e crede no Evangelho' (Mc 1,14-15). Para cumprir a vontade do Pai, Cristo inaugurou o Reino dos céus na terra. Ora, a vontade do Pai é 'elevar os homens à participação da Vida Divina'. Realiza tal intento reunindo os homens em torno de seu Filho, Jesus Cristo. Esta reunião é a Igreja, que é na terra 'o germe e o começo do Reino de Deus'" (CIC 541).

Leitor 2: Ler Mc 1,14-15.

Dirigente: Diz a intenção missionária: **dezena branca**. Reza, então, o Pai-nosso e 10 Ave-Marias.

Canto: Ambientação para o quarto mistério.

QUARTO MISTÉRIO

Dirigente: No quarto mistério da luz, contemplamos a transfiguração de Jesus no monte Tabor.

Leitor 1: "'A partir do dia em que Pedro confessou que Jesus é o Cristo, o Filho do Deus vivo, o Mestre começou a mostrar a seus discípulos que era necessário que fosse a Jerusalém e sofresse... que fosse morto e ressurgisse ao terceiro dia' (Mt 16,21). Pedro rechaça este anúncio, os demais também não o compreendem. É neste contexto que se situa o episódio misterioso da transfiguração de Jesus, sobre um monte elevado, diante de três testemunhas escolhidas por ele: Pedro, Tiago e João. O rosto e as vestes de Jesus tornam-se fulgurantes de luz, Moisés e Elias aparecem, 'falavam de sua partida que iria se consumar em Jerusalém' (Lc 9,31). Uma nuvem os cobre e uma voz do céu diz: 'Este é o meu Filho, o Eleito; ouvi-o' (Lc 9,35)" (CIC 554).

Leitor 2: Ler Lc 9,28-36.

Dirigente: Diz a intenção missionária: **dezena azul**. Reza, então, o Pai-nosso e 10 Ave-Marias.

Canto: Ambientação para o quinto mistério.

QUINTO MISTÉRIO

Dirigente: No quinto mistério da luz, contemplamos a Santa Ceia, na qual Jesus institui a eucaristia.

Leitor 1: "Jesus expressou de modo supremo a oferta livre de si mesmo na refeição que tomou com os Doze Apóstolos na 'noite em que foi entregue' (1Cor 11,23). Na véspera de sua Paixão, quando ainda estava em liberdade, Jesus fez desta Última Ceia com seus apóstolos o memorial da sua oferta voluntária ao Pai, pela salvação dos homens: 'Isto é o meu corpo que é dado por vós' (Lc 22,19). 'Isto é o meu sangue, o sangue da Aliança, que é derramado por muitos para remissão dos pecados' (Mt 26,28)" (CIC 610).

Leitor 2: Ler Mt 26,26-29.

Dirigente: Diz a intenção missionária: **dezena amarela**. Reza, então, o Pai-nosso e 10 Ave-Marias.

Outros textos do Catecismo da Igreja Católica que podem ser usados:

- Primeiro Mistério: 536, 537.
- Segundo Mistério: 547, 549, 550.
- Terceiro Mistério: 542, 543, 544, 545, 546.
- Quarto Mistério: 555, 556.
- Quinto Mistério: 611, 612, 613, 617, 618.

Termina-se conforme o costume: agradecimento e Salve-Rainha.

Durante a saída do dirigente, dos leitores acompanhados pela cruz, velas, bíblia etc., pode-se cantar um canto final.

Vamos celebrar
Mistérios da Dor

ORIENTAÇÕES INICIAIS

Inicia-se o terço conforme o costume (oferecimento).

Logo em seguida, com um canto escolhido de acordo com o Primeiro Mistério, inicia-se a procissão com a cruz, velas, flores, bíblia, os dois leitores, o dirigente; o **leitor 1** permanece no ambão do lado direito do altar; o **leitor 2**, por sua vez, no lado esquerdo. Será tarefa do **leitor 1** anunciar o texto do catecismo e o **leitor 2** proclamará os textos bíblicos relativos a cada mistério. A tarefa do **dirigente** será anunciar os mistérios, a intenção missionária de cada um e conduzir a oração.

PRIMEIRO MISTÉRIO

Dirigente: No primeiro mistério da dor, contemplamos a agonia de Jesus no jardim das Oliveiras (Mc 14,32-43).

Leitor 1: "O cálice da Nova Aliança, que Jesus antecipou na Ceia, oferecendo-se a si mesmo, aceita-o em seguida das mãos do Pai na sua agonia no Getsêmani, tornando-se 'obediente até a morte' (Fl 2,8). Jesus ora: 'Meu Pai, se for possível, afaste de mim este cálice' (Mt 26,39). Exprime assim o horror que a morte representa para sua natureza humana. Com efeito, a natureza humana de Jesus, como a nossa, está destinada à Vida Eterna; ademais, diversamente da nossa, ela é totalmente isenta de pecado, que causa a morte'; mas ela é sobretudo assumida pela pessoa divina do 'Príncipe da Vida' (At 3,15), do 'Vivente' (Ap 1,17). Ao aceitar em sua vontade humana que a vontade do Pai seja feita, aceita sua morte como redentora para 'carregar em seu próprio corpo os nossos pecados sobre o madeiro' (1Pd 2,24)" (CIC 612).

Leitor 2: Ler Mt 26,36-42.

Dirigente: Diz a intenção missionária: **dezena verde**. Reza, então, o Pai-nosso e 10 Ave-Marias.

Canto: Ambientação para o segundo mistério.

SEGUNDO MISTÉRIO

Dirigente: No segundo mistério da dor, contemplamos Jesus açoitado por ordem de Pilatos (Jo 18,28-40; 19,1).

Leitor 1: "Depois de ter aceitado dar-lhe o Batismo junto com os pecadores, João Batista viu e mostrou em Jesus o 'Cordeiro de Deus que tira os pecados do mundo' (Jo 1,29). Manifesta assim que Jesus é ao mesmo tempo o Servo Sofredor que se deixa levar silencioso ao matadouro (Is 53,7) e carrega o pecado das multidões e o cordeiro pascal, símbolo da redenção de Israel por ocasião da primeira Páscoa (Êx 12,3-14). Toda a vida de Cristo exprime a sua missão: 'servir e dar sua vida em resgate por muitos' (Mc 10,45)" (CIC 608).

Leitor 2: Ler Mt 27,24-26.

Dirigente: Diz a intenção missionária: **dezena vermelha**. Reza, então, o Pai-nosso e 10 Ave-Marias.

Canto: Ambientação para o terceiro mistério.

TERCEIRO MISTÉRIO

Dirigente: No terceiro mistério da dor, contemplamos Jesus coroado de espinhos (Mt 27,27-32).

Leitor 1: "Ao abraçar em seu coração humano o amor do Pai pelos homens, Jesus 'amou-os até ao fim' (Jo 13,11), 'pois ninguém tem maior amor do que aquele que dá a vida por seus amigos' (Jo 15,13). Assim, no sofrimento e na morte, sua humanidade se tornou o instrumento livre e perfeito de seu amor divino, que quer a salvação dos homens. Com efeito, aceitou livremente sua Paixão e sua Morte por amor de seu Pai e dos homens, que este quer salvar: 'ninguém me tira a vida, mas eu a dou livremente' (Jo 10,18). Daí a liberdade soberana do Filho de Deus quando Ele mesmo vai ao encontro da morte" (CIC 609).

Leitor 2: Ler Mt 27,27-31.

Dirigente: Diz a intenção missionária: **dezena branca**. Reza, então, o Pai-nosso e 10 Ave-Marias.

Canto: Ambientação para o quarto mistério.

QUARTO MISTÉRIO

Dirigente: No quarto mistério da dor, contemplamos Jesus carregando a cruz até o Monte Calvário (Lc 23,20-32; Mc 8,34b).

Leitor 1: "É 'o amor até ao fim' (Jo 13,1) que confere o valor de redenção e de reparação, de expiação e de satisfação ao sacrifício de Cristo. Ele nos conheceu e amou na oferenda da sua vida. 'A caridade de Cristo nos compele quando consideramos que um só morreu por todos e que, por conseguinte, todos morreram' (2Cor 5,14). Nenhum homem, ainda que o mais santo, tinha condições de tomar sobre si os pecados de todos os homens e de oferecer-se em sacrifício por todos. A existência em Cristo da Pessoa Divina do Filho, que supera e, ao mesmo tempo, abraça todas as pessoas humanas e que o constitui Cabeça de toda a humanidade, torna possível seu sacrifício redentor por todos" (CIC 616).

Leitor 2: Ler Mt 27,32-36.

Dirigente: Diz a intenção missionária: **dezena azul**. Reza, então, o Pai-nosso e 10 Ave-Marias.

Canto: Ambientação para o quinto mistério.

QUINTO MISTÉRIO

Dirigente: No quinto mistério da dor, contemplamos a crucifixão e a morte de Jesus na cruz (Lc 23,33-47).

Leitor 1: "'Pela graça de Deus, Ele provou a morte em favor de todos os homens' (Hb 2,9). Em seu projeto de salvação, Deus dispôs que seu Filho não somente 'morresse pelos nossos pecados' (1Cor 15,3), mas também que 'provasse a morte', isto é, conhecesse o estado de morte, o estado de separação entre sua alma e seu corpo, durante o tempo compreendido entre o momento em que expirou na cruz e o momento em que ressuscitou. Este estado do Cristo morto é o mistério do sepulcro e da descida aos Infernos. É o mistério do Sábado Santo, em que o Cristo colocado no túmulo manifesta o grande descanso sabático de Deus depois da realização da salvação dos homens, que confere paz ao universo inteiro" (CIC 624).

Leitor 2: Ler Mt 27,57-61.

Dirigente: Diz a intenção missionária: **dezena amarela**. Reza, então, o Pai-nosso e 10 Ave-Marias.

Termina-se conforme o costume: agradecimento e Salve-Rainha.

Durante a saída do dirigente, dos leitores acompanhados pela cruz, velas, bíblia etc., pode-se cantar um canto final.

Outros textos do Catecismo da Igreja Católica que podem ser usados:

– Primeiro Mistério: 516, 517, 518.
– Segundo Mistério: 519, 520, 521.
– Terceiro Mistério: 601, 602, 603.
– Quarto Mistério: 605, 606, 617.
– Quinto Mistério: 613, 614, 615.

Vamos celebrar
Mistérios da Glória

ORIENTAÇÕES INICIAIS

Inicia-se o terço conforme o costume (oferecimento).

Logo em seguida, com um canto escolhido de acordo com o Primeiro Mistério, inicia-se a procissão com a cruz, velas, flores, bíblia, os dois leitores, o dirigente; o **leitor 1** permanece no ambão do lado direito do altar; o **leitor 2**, por sua vez, no lado esquerdo. Será tarefa do **leitor 1** anunciar o texto do catecismo; o **leitor 2** proclamará os textos bíblicos relativos a cada mistério. A tarefa do **dirigente** será anunciar os mistérios, a intenção missionária de cada um e conduzir a oração.

PRIMEIRO MISTÉRIO

Dirigente: No primeiro mistério da glória, contemplamos a ressurreição de Jesus Cristo, nosso Senhor (Mc 16,1-8).

Leitor 1: "'Anunciamo-vos a Boa-Nova: a promessa feita a nossos pais, Deus a realizou plenamente para nós, seus filhos, ressuscitando Jesus' (At 13,32-33). A ressurreição de Jesus é a verdade culminante da nossa fé em Cristo, crida e vivida como verdade central pela primeira comunidade cristã, transmitida como fundamental pela Tradição, estabelecida pelos documentos do Novo Testamento, pregada, juntamente com a cruz, como parte essencial do Mistério Pascal" (CIC 638).

Leitor 2: Ler Mt 28,1-10.

Dirigente: Diz a intenção missionária: **dezena verde**. Reza, então, o Pai-nosso e 10 Ave-Marias.

Canto: Ambientação para o segundo mistério.

SEGUNDO MISTÉRIO

Dirigente: No segundo mistério da glória, contemplamos a ascensão de Jesus Cristo ao céu (At 1,4-11).

Leitor 1: "'E o Senhor Jesus, depois de ter-lhes falado, foi arrebatado ao céu e sentou-se à direita de Deus' (Mc 16,19). O Corpo de Cristo foi glorificado desde o instante de sua Ressurreição, como provam as propriedades novas e sobrenaturais de que desfruta a partir de agora seu corpo em caráter permanente. Mas durante os quarenta dias em que vai comer e beber familiarmente com seus discípulos e instruí-los sobre o Reino, sua glória permanece ainda velada sob os traços de uma humanidade comum. A última aparição de Jesus termina com a entrada irreversível de sua humanidade na glória divina, simbolizada pela nuvem e pelo céu, onde está desde agora sentado à direita de Deus. Só de modo excepcional e único Ele se mostrará a Paulo 'como a um abortivo' (1Cor 15,8) em última aparição que o constitui apóstolo" (CIC 659).

Leitor 2: Ler Mc 16,19-20.

Dirigente: Diz a intenção missionária: **dezena vermelha**. Reza, então, o Pai-nosso e 10 Ave-Marias.

Canto: Ambientação para o terceiro mistério.

TERCEIRO MISTÉRIO

Dirigente: No terceiro mistério da glória, contemplamos a vinda do Espírito Santo sobre Nossa Senhora e os apóstolos (At 2,1-14).

Leitor 1: "No dia de Pentecostes (no fim das sete semanas pascais), a Páscoa de Cristo se realiza na efusão do Espírito Santo, que é manifestado, dado e comunicado como Pessoa Divina: de sua plenitude, Cristo, Senhor, derrama em profusão o Espírito" (CIC 731).

Leitor 2: Ler At 2,1-4.

Dirigente: Diz a intenção missionária: **dezena branca**. Reza, então, o Pai-nosso e 10 Ave-Marias.

Canto: Ambientação para o quarto mistério.

QUARTO MISTÉRIO

Dirigente: No quarto mistério da glória, contemplamos a assunção de Nossa Senhora ao céu (1Cor 15,20-23.53-55).
Leitor 1: "Finalmente, a Imaculada Virgem, preservada imune de toda a mancha da culpa original, terminando o curso da vida terrestre, foi assunta em corpo e alma à glória celeste. E para que mais plenamente estivesse conforme a seu Filho, Senhor dos senhores e vencedor do pecado e da morte, foi exaltada pelo Senhor como Rainha do Universo. A Assunção da Virgem Maria é uma participação singular na Ressurreição de seu Filho e uma antecipação da ressurreição dos outros cristãos (...)" (CIC 966).
Leitor 2: Ler Lc 1,46-55.
Dirigente: Diz a intenção missionária: **dezena azul**. Reza, então, o Pai-nosso e 10 Ave-Marias.
Canto: Ambientação para o quinto mistério.

QUINTO MISTÉRIO

Dirigente: No quinto mistério da glória, contemplamos a coroação de Nossa Senhora como rainha do céu e da terra (Ap 12,1-6).
Leitor 1: "'Todas as gerações me chamarão bem-aventurada' (Lc 1,48): 'A piedade da Igreja para com a Santíssima Virgem é intrínseca ao culto cristão'. A Santíssima Virgem 'é legitimamente honrada com um culto especial pela Igreja. Com efeito, desde remotíssimos tempos, a bem-aventurada Virgem é venerada sob o título 'Mãe de Deus', sob cuja proteção os fiéis se refugiam suplicantes em todos os seus perigos e necessidades (...)" (CIC 971)
Leitor 2: Ler Ap 12,1.
Dirigente: Diz a intenção missionária: **dezena amarela**. Reza, então, o Pai-nosso e 10 Ave-Marias.

Termina-se conforme o costume: agradecimento e Salve-Rainha.
Durante a saída do dirigente, dos leitores acompanhados pela cruz, velas, bíblia etc., pode-se cantar um canto final.

Outros textos do Catecismo da Igreja Católica que podem ser usados:

— Primeiro Mistério: 639, 640, 641.
— Segundo Mistério: 662, 663, 664.
— Terceiro Mistério: 732, 733, 734, 735, 736.
— Quarto Mistério: 967, 968, 969, 970.
— Quinto Mistério: 506, 507, 972.

f) Celebração penitencial (sugestão)

1. Introdução

Leitor: Caminhamos em busca da paz, cantamos a paz tão sonhada, mas nem sempre a encontramos. A paz é algo que vem de dentro, que começa em nosso interior.

Todos: Não existe paz sem perdão, sem estar em comunhão com Deus.

Leitor: Comunhão com Deus é comunhão com os irmãos. E comunhão consigo mesmo.

Todos: Já é hora, o tempo está próximo, arrependei-vos e praticai bons frutos do arrependimento.

Leitor: É preciso nascer de novo, nascer da água e do Espírito, passar das trevas à luz, ser a luz do mundo, morrer para o pecado procurando a santidade.

Leitor 2: Arrependimento implica uma mudança de vida, mudança de coração. Vai, não peques mais! O que estamos celebrando é o amor de Deus e seu perdão. Estamos celebrando nossa conversão.

2. Canto inicial (a escolher)

Durante o canto, entra o padre que presidirá a confissão e seus ajudantes. Na frente da procissão a cruz, as velas, o círio pascal, a água (para renovação das promessas do Batismo).

3. Saudação inicial do sacerdote

4. Oração (para pedir uma sincera conversão)

5. Liturgia da Palavra

- Primeira Leitura: Ez 36,23-27.
- Canto de meditação (a escolher).
- Segunda Leitura: Rm 6,1-12.
- Canto de aclamação (a escolher)
- Evangelho: Lc 15,3-7.

6. Homilia participada e dialogada

7. Exame de consciência

- Amamos a Deus sobre todas as coisas? O que está sendo mais importante para nós? Quantas e quantas vezes as coisas de Deus ficam em segundo plano? Amamos mais a fama, a falsa liberdade que pregam por aí? (Pausa)
- Deixamos de louvar e agradecer a Deus? Blasfemamos? Profanamos seu Santo Nome com piadas inconvenientes? Respeito a presença de Jesus na Eucaristia? Troco a Eucaristia por festas ou programas diferentes? (Pausa)
- Em casa queremos fazer de nossos pais nossos escravos? Somos daquele tipo que só sabe exigir e nada dar? Desrespeitamos sua autoridade? Ridicularizamos nossos pais porque não pensam como nós ou discordam de nossas ideias? Esquecemos que devemos honrá-los? (Pausa)

— Somos invejosos, cobiçamos, queremos ter mais que os outros? Também rouba quem se omite, deixa de dar, de partilhar; quem destrói ou deixa destruir um bem comum; quem contribui com a poluição, destrói uma planta, um jardim, mata pássaros...? (Pausa)

— Nosso corpo é Templo do Espírito Santo. Como estamos cuidando dele? Deixamo-nos levar pelos desejos instintivos? Como andam nossos namoros? Cuidamos da saúde? Como anda nossa higiene? (Pausa)

— Tirar a vida de alguém não é apenas matar o corpo. É matar o que há de bom nas pessoas. Matamos todas as vezes que tiramos de alguém a ESPERANÇA, que traímos a CONFIANÇA, que HUMILHAMOS, que nos FECHAMOS para o próximo. Matamos quando desprezamos a vida dos outros, ignoramos suas ideias e anseios, deixamos de AMAR, fechando-nos em nosso egoísmo. (Pausa)

— Se somos filhos da verdade... Por que vivemos na mentira? Por que julgamos o próximo? Por que caluniamos? Por que fofocamos? (Pausa)

Nota: Após cada grupo de perguntas, observar um tempo razoável e tranquilo para o exame de consciência; faremos com tranquilidade esse momento, sem precipitações.

8. Tempo para confissão individual

O sacerdote (ou os sacerdotes) ouvirá a confissão de cada jovem ali presente. A absolvição será COLETIVA E NÃO INDIVIDUAL. Dependendo do número de jovens presentes na celebração, deve-se pedir a ajuda de outros padres. Durante esse tempo, pode-se cantar e fazer leituras bíblicas.

9. Absolvição comunitária

Todos: Eu, pecador, me confesso a Deus...

Sacerdote(s): A fórmula da absolvição, conforme o ritual.

10. Renovação das promessas do Batismo

— Bênção da água (no ritual do Batismo).

— Renovação das promessas do Batismo:

Sacerdote(s): Para viver na liberdade dos filhos de Deus, renunciais ao pecado?

Todos: Renuncio!

Sacerdote(s): Para viver como irmãos, renunciais a tudo que vos desune?

Todos: Renuncio!

Sacerdote(s): Para seguir Jesus Cristo, renunciais ao demônio, autor e princípio do pecado?

Todos: Renuncio!

Leitor: Recitemos, então, todos juntos, a nossa profissão de fé: CREIO EM DEUS PAI...

11. Aspersão

Logo após a profissão de fé, o sacerdote aspergirá os jovens com a água, recordando o Batismo. Pode-se cantar enquanto durar a aspersão.

12. Procissão da Luz

Em seguida, organiza-se a procissão da luz. Cada participante da celebração deverá acender sua vela no Círio Pascal como sinal de adesão pessoal a Jesus Cristo. Enquanto se faz a procissão, canta-se um hino de louvor e agradecimento.

13. Preces comunitárias

- Para que, purificados em nossos pecados, possamos viver dignamente como filhos de Deus, rezemos ao Senhor.
- Para que não mais voltemos a viver nas trevas, fechando-nos em nosso egoísmo, rezemos ao Senhor.
- Para que sejamos, de verdade, sal da terra e luz do mundo, rezemos ao Senhor.
- Para que a pureza, que agora temos em nosso coração, conserve-se de maneira duradoura, rezemos ao Senhor.
- Para que, perseverando no amor e na justiça, cheguemos um dia à glória de Deus, rezemos ao Senhor.

Preces espontâneas.

14. Hino de louvor e agradecimento

E em seguida o sacerdote deverá dar a penitência a todos os que participaram da celebração, sugerindo diversas opções de boas ações como reparação.

15. Pai-nosso

16. Oração final

Todos: Ó Deus, que por vosso amor realizais maravilhas em nossas vidas, tornando-nos dignos de ser chamados filhos da luz, implantai em nossos corações o desejo de amar-vos e louvar-vos em união com todo o universo que criastes. Por nosso Senhor Jesus Cristo, vosso Filho e nosso irmão, na unidade do Espírito Santo. Amém.

17. Bênção final e despedida
Momento do abraço da paz

Se for possível, logo após a celebração penitencial, pode-se organizar um momento de confraternização, em que todos poderão partilhar um lanche comunitário, com muita música, festa e alegria.

g) O jogo do dado

Esse jogo pode ser preparado e aplicado em algum encontro que se faça de pais e filhos desta catequese de pré-crisma. Todo mundo pode participar. É a família reunida que pretendemos vivenciar.

As tarefas para o jogo do dado têm um aspecto de gincana... Cuidado para que não nos percamos nos meandros e nos labirintos e armadilhas que a competição nos reserva.

Para que o jogo do dado transcorra com tranquilidade e ordem, torna-se necessário determinar o que chamamos de *júri* (cinco pessoas como mínimo, pois dependerá do número de participantes), que terá como tarefa controlar o jogo e as equipes que disputarão o mesmo. *Todas as tarefas pedidas serão realizadas diante do júri.*

As tarefas do jogo estarão anotadas em papéis e distribuídas por todo o local onde ele será realizado, ou seja, é um jogo que funciona melhor em lugar amplo e aberto, muito apropriado para um dia de lazer; perfazem um total de 38 tarefas (nada impede que a equipe organizadora coloque mais tarefas), dependendo do tempo disponível. Em cada papel vai o número da tarefa e a tarefa, tudo bem destacado e legível.

DESENVOLVIMENTO DO JOGO

1. Reunidos todos os participantes em local combinado e formados os grupos que participarão, realiza-se o *sorteio* das equipes para que joguem o dado e assim iniciem o jogo; e os dados serão jogados conforme esse sorteio (*mas somente para iniciar o jogo*). Daí por diante será à medida que retornarem para apresentar sua tarefa.

Exemplificando: Suponhamos que temos três equipes participantes (A, B e C); cada uma delas tem um nome que as identifica; sorteia-se, então, quem jogará o dado primeiro, quem jogará em segundo lugar e quem em terceiro. E assim quantas equipes forem... Daí por diante vai depender da realização da tarefa pedida.

Assim suponhamos que o grupo A (sorteado para jogar o dado primeiro) tirou o número 6 ao jogar o dado; deverá procurar o papel que contenha esse número e que deverá estar em algum lugar no campo de jogo (nesse meio tempo os outros grupos estarão jogando o dado por sua vez); lerá sua tarefa e deixará o papel no mesmo lugar, porque outro grupo poderá precisar; vai e realiza a tarefa diante do júri. Tarefa cumprida. Pode jogar o dado novamente. Suponhamos que tira um 6 novamente: soma-se ao anterior (6 + 6 = 12), a equipe deverá procurar a tarefa 12. E assim sucessivamente também com os outros grupos (a cada dado jogado soma-se o valor sorteado à soma dos valores anteriores). E o processo continua até que algum grupo alcance a última tarefa. A partir desse momento (última tarefa realizada), os demais grupos vão apresentando o que resta por apresentar e não mais jogam o dado, mas se reúnem no local onde estiver a equipe que realizou a última tarefa. Quando todos estiverem reunidos, avalia-se o jogo fazendo a analogia com a vida. Bom momento para oração e preces comunitárias. De repente até uma reconciliação pode tornar-se necessária...

2. O júri vai controlar as entradas (a ordem de chegada para a apresentação das tarefas), as saídas dos grupos, o lançamento do dado, as somas que serão feitas em local visível a todos e a realização das tarefas.

3. Evidentemente que na ânsia de ganhar e ser primeiro provavelmente algum grupo vai trapacear escondendo algum número ou simplesmente o inutilizando para que outros não cumpram sua tarefa. No momento da avaliação, isso vai aparecer; aproveitar para conduzir a reflexão na linha da honestidade com as pessoas, sem a qual não há de existir a paz em nossas relações (será que quem ganhou foi de próprio mérito ou esforço, ou simplesmente usou de subterfúgios para vencer? Não seria a hora de dar a vitória a outro?) Quanta gente trapaceia para subir na vida...

4. *Existe uma regra muito importante: durante o jogo os membros do grupo deverão procurar suas tarefas de mãos dadas; cada grupo caminhará sem soltar as mãos. O júri pode penalizar a equipe que se comportar desobedecendo a essa regra.*

AS TAREFAS

1. Pegar e levar ao júri uma borboleta viva; depois devem soltá-la.
2. Pegar e levar ao júri uma barata viva; depois devem soltá-la.
3. Levar ao júri uma formiga grande; depois devem soltá-la.
4. Todos do grupo deverão pintar bigodes e se apresentarão diante do júri.
5. Todos os membros do grupo, diante do júri, deverão gritar "VIVA O BRASIL" com a boca cheia de água.
6. Cantar e dançar diante do júri uma música de carnaval; todos devem participar.
7. Cantar diante do júri uma canção que fale de Deus Pai; todos participarão.
8. Cantar diante do júri uma canção que fale de Jesus.
9. Cantar diante do júri uma canção que fale de Igreja.
10. Cantar diante do júri uma canção que fale de juventude.
11. Cantar diante do júri uma canção que fale de moradia.
12. Cantar diante do júri uma canção que fale de fraternidade.
13. Recitar em coro, diante do júri, cinco milagres de Jesus.
14. Uma jovem e um jovem do grupo deverão ficar de ponta cabeça (plantando bananeira) diante do júri.
15. Todos imitarão um cachorro diante do júri, engatinhando e latindo.
16. Todos deverão imitar um gato diante do júri, engatinhando e miando.
17. Alguém do grupo deverá caminhar 20 passos diante do júri, com uma vela acesa, sem apagá-la. Os outros membros do grupo deverão acompanhar.
18. Representar em mímica a parábola da Ovelha Perdida diante do júri; todos devem participar.
19. Todos deverão disfarçar-se de índio (com pintura e tudo) e dançar a dança da chuva diante do júri.
20. Todos deverão pintar o rosto com as cores de nossa bandeira e se apresentar diante do júri.
21. Dançar diante do júri a dança do ventre; todos devem participar.
22. Alguém do grupo imitará um cavalo diante do júri (relinchando).
23. Todos deverão imitar uma tartaruga, arrastando-se pelo chão, diante do júri.
24. Levar um cachorro (de verdade) diante do júri.
25. Recitar diante do júri, em coro e em ordem, os dez mandamentos.
26. Levar diante do júri o Missal Romano escrito em latim(*) se souberem da existência de algum nas redondezas do local do jogo... Caso contrário, substituir esta tarefa.

27. Recitar em ordem e em coro os sete sacramentos.

28. Pegar um grilo e levá-lo diante do júri; deverão soltá-lo depois.

29. Cantar diante do júri uma estrofe do Hino Nacional.

30. Alguém do grupo contará uma piada diante do júri.

31. Levar ao júri um tronco ou galho de árvore que se assemelhe ao corpo humano (deverá estar seco). Nunca quebrar uma árvore... (sobretudo se tivermos muitos participantes, pois poderia virar um vandalismo generalizado...).

32. Todos deverão permanecer durante um minuto, sem rir e sem falar, olhando um para o outro, diante do júri.

33. Levar ao júri cinco pedras, de tamanhos, cores e formas diferentes.

34. Imitar uma galinha diante do júri, ciscando e cacarejando (todos do grupo).

35. Levar diante do júri alguém que esteja aniversariando este mês de (...). Comprovar com documento de identidade ou outro qualquer.

36. Cantar diante do júri uma canção de ninar. Alguém do grupo será a criança carregada ao colo...

37. Levar diante do júri uma bíblia, escrita em latim ou grego(*). Se souberem que é possível ter essa bíblia disponível em algum lugar... Caso contrário, substituir esta tarefa.

38. Conduzir diante do júri respeitosamente, em procissão, a imagem do(a) santo(a) padroeiro(a); cantar canção relacionada com o(a) santo(a); esperar a chegada dos outros grupos. A equipe organizadora do jogo deverá levar consigo essa imagem, porque dependendo do local onde se realize o evento pode acontecer de o grupo não ter possibilidade alguma de procurá-la (se o jogo for distante da paróquia ou em algum sítio ou fazenda).

Algumas tarefas que podem ser acrescentadas:

- Alguém do grupo imitará algum comediante brasileiro que aparece nos programas de televisão.
- Alguém do grupo deverá imitar uma pessoa da comunidade, conhecida por todos.
- Levar diante do júri um papagaio; ele deverá falar.
- Levar um cavalo diante do júri (cavalo de verdade).
- Levar um gato (bicho mesmo) diante do júri.
- Levar diante do júri um sapo, rã ou pererreca; soltar os animais depois.
- Cantar, diante do júri, um trecho do Hino à Bandeira.

As tarefas em questão são modelos; claro que os organizadores podem incrementar as tarefas conforme seus catequizandos e o local onde se desenvolve o jogo. Não só quanto ao conteúdo, mas também quanto ao número. A nossa experiência nos diz que é uma atividade muito rica.

h) O jogo de perguntas e respostas

Temos um painel com um total de 94 perguntas (podem ser mais ou menos, conforme o tempo que se disponha para o jogo). O nível de dificuldade será determinado pelos catequistas em conformidade com as pessoas que participarão do jogo (crianças, jovens ou adolescentes, adultos?). Trabalhar a possibilidade de reunir pais e filhos mais uma vez. O questionário será entregue para as famílias com antecedência (sem a numeração das questões e sem o valor das perguntas) para que estudem juntos e, no dia marcado, a reunião seja com muita alegria. Muita música. Terminar com um lanche comunitário bem preparado. Deve haver uma alteração da ordem das perguntas. E o valor delas será um segredo a ser guardado a sete chaves.

– Cada grupo participante determinará seu *correio*, ou seja, seu representante que irá escolher a pergunta no painel para levá-la ao grupo (pois é o grupo que responderá). Após escolher a pergunta, ela será lida em alta voz pelo animador do jogo. Aguardar a volta do correio com a resposta do grupo dentro do tempo previsto (1 minuto). Cada grupo escolherá um *animal* que dará nome ao grupo.

– Cada grupo terá um tempo para responder (1 minuto). Se o tempo se esgotar e o grupo não tiver respondido, a pergunta **será retirada e não voltará ao jogo**. O grupo não perde nada.

– Cada pergunta tem um valor em pontos (100 ou 150 pontos), que serão assinalados em lugar apropriado e visível e somados no final do jogo; em seguida o vencedor é proclamado **(maior número de pontos)**.

– Algumas perguntas do painel são **"arrisca"**. Significa que o grupo vai poder apostar dando um valor à pergunta: pode ir ao valor máximo (a quantidade de pontos que tenha) ou apostar o mínimo (metade dos pontos que possui). No caso de acerto, ganha o que apostou; no caso de erro, vai perder o valor apostado. No caso de ainda não ter feito nenhum ponto e o grupo for contemplado com o ARRISCA, é claro que não vai ter como apostar; neste caso estipula-se o valor de 300 pontos para a pergunta.

– Algumas perguntas são **coringas** (não são nem perguntas; o grupo ganha o valor que o coringa tenha). Existem coringas de 100 pontos e 500 pontos.

Nota: Claro que o animador do jogo fará, sempre que possível, aquele suspense necessário na hora das perguntas e na hora de dizer se está correta ou não. Em seguida estão as perguntas e seu valor. As respostas também. Cuidado para não dizer as respostas antes do tempo. Primeiro se diz o VALOR da questão. Dá-se o tempo para que o grupo responda. Confirma-se ou não a resposta dada e se o grupo ganhou aquele valor ou não.

Não se esqueçam (os organizadores do jogo) de que é importante alterar a ordem das perguntas e dos coringas (porque todos terão acesso ao questionário que estamos propondo). Busquem um momento especial para esse jogo. Com participação das famílias.

1. CORINGA – 100 PONTOS
2. Nome da cidade onde Jesus nasceu (Belém) – 100
3. Alimento muito comum no tempo de Jesus e que ele multiplicou – 100 (pão).
4. Nome da cidade onde Jesus passou a sua infância – 150 (Nazaré)
5. O grupo cantará uma canção que fale de família – 150
6. O grupo cantará uma canção que fale de amizade – ARRISCA
7. Um fenômeno natural que Jesus acalmou no Mar da Galileia – 100 (tempestade)
8. Citar parábola ou uma sentença da parábola em que Jesus fala de passarinho – 100 (a sentença dos pardais)
9. CORINGA – 100 PONTOS
10. CORINGA – 100 PONTOS
11. O grupo cantará uma canção que fale de Mãe – 150

12. Bebida muito importante do tempo de Jesus (Bodas de Caná) – 150 (vinho)
13. Qual foi o primeiro milagre de Jesus – 150 (água em vinho)
14. Doença muito comum no tempo de Jesus provocada pela falta de água e de higiene; em uma oportunidade ele curou 10 de uma vez – ARRISCA (lepra)
15. Nomes das duas irmãs de Lázaro – 150 (Marta e Maria)
16. Cantar uma canção que fale de Maria – 150
17. Cantar uma canção que fale de família – 100
18. Nome do anjo que anunciou a Maria que ela seria a mãe de Jesus – 100 (Gabriel)
19. Comentar a parábola na qual Jesus fala de pérola preciosa; as pessoas são capazes de vender tudo para possuí-la – ARRISCA
20. CORINGA – 500 PONTOS
21. Cantar uma canção que fale de Pai – 150
22. Citar os nomes de três apóstolos – ARRISCA
    (Simão Pedro, André, Tiago e João, Filipe e Bartolomeu, Tomé e Mateus, Tiago e Tadeu, Simão Cananeu e Judas Iscariotes)
23. Nomes dos que escreveram os evangelhos – 150 (Mateus, Marcos, Lucas e João)
24. Nome do lugar onde Jesus foi crucificado – 100 (Gólgota)
25. CORINGA – 500 PONTOS
26. CORINGA – 100 PONTOS
27. Cantar uma canção que fale de amor – 100
28. Nome da mulher que enxugou o rosto de Jesus no caminho do calvário – 150 (Verônica)
29. Citar uma parábola de Jesus que fale de semente – 150 (Semeador e outras)
30. CORINGA – 100 PONTOS
31. CORINGA – 100 PONTOS
32. O que aconteceu com Jesus no terceiro dia após sua morte? – 100 (ressuscitou)
33. Nomes do pai e da mãe de Jesus (pais terrenos...) – ARRISCA (José e Maria)
34. Nomes dos pais de João Batista – 150 (Zacarias e Isabel)
35. Nome da cidade onde Jesus morreu – ARRISCA (Jerusalém)
36. Cantar uma canção que fale de criança – 150
37. Cantar uma canção que fale de mar – 150
38. Nome da pessoa que condenou Jesus à morte – ARRISCA (Pôncio Pilatos).
39. CORINGA – 100
40. Comentar a parábola em que Jesus fala de moeda – ARRISCA
41. Cantar uma canção que fale de Jesus – 150
42. O que significa a palavra Belém? – ARRISCA (Casa do pão)
43. Qual é o primeiro mandamento? – 150 (Amar a Deus sobre todas as coisas)
44. Qual é o segundo mandamento? – ARRISCA (Não falar seu santo nome em vão)
45. CORINGA – 500 PONTOS
46. Qual era a profissão de Jesus? – ARRISCA (carpinteiro)
47. Qual é o terceiro mandamento? – ARRISCA (Guardar domingos e dias santos)
48. Qual o nome da prima de Maria? – 150 (Isabel)
49. Qual o quarto mandamento? – 150 (Honrar pai e mãe)
50. CORINGA – 100 PONTOS

51. Qual é o quinto mandamento? – 100 (Não matar)

52. Quantos são os livros do Antigo Testamento? – ARRISCA (46)

53. Qual é o sexto mandamento? – 150 (Não pecar contra a castidade)

54. CORINGA – 500 pontos

55. Qual é o sétimo mandamento? – ARRISCA (Não roubar)

56. Quantos são os livros do Novo Testamento? – 150 (27)

57. Qual é o oitavo mandamento? – 100 (Não levantar falso testemunho)

58. Quantos são os livros da Bíblia? – ARRISCA (73)

59. Qual é o nono mandamento? – 150 (Não desejar a mulher do próximo)

60. Para onde Jesus, Maria e José tiveram que fugir por causa de Herodes? – ARRISCA (Egito)

61. Qual é o décimo mandamento? – 100 (Não cobiçar as coisas alheias)

62. Nomes dos pais de Maria? – 150 (Joaquim e Ana)

63. Qual o nome do esposo de Isabel? – ARRISCA (Zacarias)

64. Qual o nome do filho de Zacarias e Isabel? – 150 (João Batista)

65. Idade aproximada de Jesus quando começou sua vida pública? – ARRISCA (30 anos)

66. Quantos apóstolos Jesus escolheu? – ARRISCA (12)

67. Como se chama o sacramento do perdão de Deus? – 100 (Penitência ou confissão)

68. Qual foi a oração que Jesus nos ensinou? – ARRISCA (Pai-nosso)

69. Nome do sacramento cujo sinal sensível é a água... – 150 (Batismo)

70. CORINGA – 500 pontos

71. Sacramento do corpo e do sangue de Cristo – ARRISCA (Eucaristia)

72. Sacramento que Jesus instituiu na Ceia? – 150 (Ordem)

73. Sacramento que dá luz e força para o cristão jovem caminhar – 150 (Crisma)

74. Sacramento que faz de nós filho de Deus – 100 (Batismo)

75. Como foi que Jesus morreu? – ARRISCA (Crucificado)

76. Jesus presente no óleo santo quando ungimos alguém doente – 150 (Unção dos enfermos)

77. Nome do traidor de Jesus – 100 (Judas Iscariotes)

78. Quem ajudou Jesus a carregar a cruz? – 150 (Simão Cirineu)

79. Quem recebeu Maria, mãe de Jesus, em sua casa, depois da morte de Jesus? – ARRISCA (João Evangelista)

80. Para quem Jesus perguntou três vezes "Você me ama?" – 150 (Pedro)

81. Quem é o Papa atual? – 100 (Francisco)

82. NOME do sacramento que une indissoluvelmente homem e mulher? – ARRISCA (Matrimônio)

83. Quem dá o poder de perdoar os pecados? – 100 (Jesus)

84. A quem Jesus dá o poder de perdoar os pecados? – 150 (Apóstolos e sucessores)

85. Na hora da consagração o vinho se torna? – ARRISCA (Sangue de Cristo)

86. Na consagração o pão se torna? – ARRISCA (Corpo de Cristo)

87. Citar os sete dons do Espírito Santo. – ARRISCA (Piedade, Ciência, Temor de Deus, Conselho, Fortaleza, Inteligência, Sabedoria)

88. Quais são os mandamentos da Igreja? – ARRISCA (1. Participar da missa inteira nos domingos e festas de guarda. 2. Confessar-se pelo menos uma vez ao ano. 3. Comungar ao menos pela Páscoa da Ressurreição. 4. Jejuar e abster-se de carne quando mandar a Santa Igreja e fazer penitência todas as sextas-feiras. 5. Pagar dízimo segundo o costume.)

89. Quais são os sete pecados capitais? – 150 (Soberba; avareza; luxúria; ira; gula; inveja; preguiça)
90. Quais são os cinco livros da Bíblia que formam o conjunto que os judeus denominam Lei ou Torá? – 100 (Gênesis, Êxodo, Levítico, Números e Deuteronômio)
91. Como foi executado João Batista? – 150 (Ele foi decapitado)
92. Quem mandou matar João Batista? – 150 (O tetrarca Herodes)
93. Qual o nome do irmão de João Evangelista? – ARRISCA (Tiago Maior)
94. Qual foi o papa que proclamou o dogma da Imaculada Conceição? – 150 (Pio IX)
95. Jesus ressuscitou Lázaro que jazia no sepulcro há quatro dias. Onde foi que aconteceu esse episódio? – ARRISCA (Betânia)

Nota: Esse questionário pode ser ampliado; a equipe que se responsabilizar por essa atividade deverá aumentar o índice de dificuldade dependendo da clientela que participará do jogo.

i) Um encontro sobre Jesus Cristo
Jesus Cristo, nosso libertador! (Primeira parte)

Nota: O dia de formação será preparado delegando responsabilidades a todos os participantes do grupo. Preparar os lanches e as refeições, a animação musical, as atividades recreativas, as celebrações e o material, para que os grupos possam desenvolver suas tarefas. Convidar os pais e padrinhos para que participem. *Sugestão: Realizar dois acampamentos (um para cada tema), o que implicaria uma boa equipe de apoio para buscar e preparar o local do acampamento, a alimentação, as barracas, as atividades e dinâmicas, os jogos, o transporte do grupo, o desenvolvimento dos temas etc. Vale a pena investir nessa atividade se sua comunidade tiver condições.*

Tema: Jesus nos liberta da força do pecado, que mora dentro de nós e que cria situações de pecado que nos escravizam. Ele é o libertador! Pecado pessoal e pecado social caminham de mãos dadas.

1. Dividir os participantes em pequenos grupos de trabalho; segue uma sugestão de divisão:
   – Primeiro grupo: Vaticano II
   – Segundo grupo: Medellín
   – Terceiro grupo: Puebla
   – Quarto grupo: Nosso Papa
   – Quinto grupo: Nossa Senhora Aparecida (ou nosso padroeiro paroquial).
2. Cada grupo recebe seu nome com uma semana de antecedência; durante aquela semana os membros desenvolverão uma pesquisa para ficar conhecendo detalhes do nome que receberam. Eles podem e devem pesquisar entre parentes, amigos, padrinhos, padre da paróquia e outras fontes, tais como jornais e revistas.
3. O grupo se reunirá durante essa semana para desenvolver a seguinte atividade: confeccionar um cartaz ou preparar um pequeno teatro que mostre para os outros grupos o que foi pesquisado sobre o nome que receberam. Exemplo: o grupo cinco pode muito bem encenar quando a imagem de Nossa Senhora Aparecida foi encontrada pelos pescadores.

4. No dia do encontro *Jesus Libertador*, cada grupo comparecerá trajando uma peça de roupa de uma determinada cor. Exemplo:

- Vaticano II: vermelho;
- Medellín: branco;
- Puebla: azul;
- Nosso Papa: verde;
- Nossa Senhora Aparecida: amarelo.

Após a oração inicial e o café da manhã os grupos desenvolverão as seguintes atividades:

1. Cada grupo apresenta o que pesquisou sobre o nome que recebeu.

2. Desenvolver a pesquisa que colocamos a seguir:

Vaticano II: Jesus valoriza as pessoas (primeira parte):

- Todos somos objetos do amor de Deus: Lc 2,14; Mt 5,44-45.
- Jesus valoriza o interior das pessoas e os problemas concretos, as situações e preocupações que atravessa: Mc 12,41; 5,25-34; Mt 9,4; Lc 22,61; Jo 2,1.

Medellín: Jesus valoriza as pessoas (segunda parte):

- Aberto a todos sem distinção: Lc 19,1; 6,12; Mc 2,15-17; Jo 4,1-9.27-40.
- A pessoa humana está acima de tudo: Mc 2,27; Mt 5,23; 15,21-28; Lc 10,29-37; Jo 5,1-10.

Puebla: Jesus valoriza as pessoas (terceira parte):

- A pessoa humana é sagrada, ela é portadora de Deus, filha de Deus: Mt 25,31-41; Mc 9,41.
- A pessoa humana é superior a tudo: Mc 3,1-6; 2,27.
- Deve amar e ser amada sem preconceito: Lc 10,29; 7,36-50; Jo 4,1-9.27.

Nosso Papa: Francisco.

- Jesus olha as pessoas com amor e não com egoísmo ou interesse: Lc 7,36-50; 22,61; 19,3; Mc 12,41-44; Mt 8,10-12; Jo 8,1-11.

Nossa Senhora Aparecida:

- Trata bem os empobrecidos e pecadores: Jo 8,1-11; Lc 7,36-50; 23,34.
- Ele percebe como o ambiente cultural e religioso escraviza e tira a liberdade das pessoas: Mt 9,10-13; Lc 18,9-14; Mt 5,1-10.

Pode-se pensar em outros nomes para as equipes de trabalho: Santo Domingo, CNBB etc.

Escolher nomes de algo que seja do interesse do catequista fazer com que os catequizandos conheçam.

Cada grupo estudará os textos que lhe foram atribuídos. Conversará sobre eles e tirará conclusões para a vida diária. Preparará também um pequeno teatro (dez minutos de duração) sobre qualquer texto que tenha trabalhado. A condição é que seja encarnada nos dias de hoje, não no tempo da bíblia.

Assim se desenvolverá o plenário:

- Cada grupo diz suas conclusões.
- Cada grupo apresenta sua dramatização.
- Palavra livre (quem quiser comentar). Algumas perguntas que podem ajudar:

Quem é Jesus para você?
Em tudo que vimos até agora o que chama sua atenção?
O que significa Cristo em sua vida?
O que você acha que precisa mudar em sua vida?
O que significa ser cristão para você?

(As perguntas podem ser refletidas antes do plenário em um momento de *deserto*, em que os participantes ficarão em silêncio e pensando nas perguntas. Pode ser no local do plenário ou em outro local apropriado. Pode-se colocar um fundo musical.) *Se alguém preferir cantar uma canção que ilustre algum aspecto abordado a falar, tem liberdade para fazê-lo.*

3. Intervalo para o almoço.
4. *Jogos e atividades recreativas para depois do almoço.* Haverá uma equipe responsável que preparará esse momento. Tenha em mãos o Manual de Jogos Jesus é 10! Ou então o livro não é brincadeira!
5. Momento de aprender com o jogo. Momento de reflexão relacionando jogo e vida.
6. Eucaristia de encerramento do dia, preparada por uma equipe de liturgia designada para essa finalidade. Tenham um cuidado especial com o som e as músicas.

Evite entrar no próximo tema enquanto não esgotar as atividades propostas neste encontro. Não tenham pressa em terminar os temas.

j) Dia de formação
Jesus Cristo, nosso libertador! (Segunda parte)

O jeito de ser de Jesus

OBSERVAÇÕES

1. Os nomes das equipes serão os mesmos, se possível os mesmos membros do encontro primeiro. Recordando os nomes: Vaticano II, Medellín, Puebla, Nosso Papa (Francisco), Nossa Senhora Aparecida.
2. Todos já pesquisaram anteriormente sobre o nome que receberam; pode-se dar mais um tempo para ver se algo novo pode ser acrescentado à pesquisa já feita.
3. No dia do encontro *Jesus Libertador*, cada grupo comparecerá com uma peça de roupa da mesma cor que o encontro anterior.
4. Após o café da manhã e a oração inicial, os grupos desenvolverão as seguintes atividades:
    a) Cada grupo apresenta o algo mais que descobriu sobre o nome da equipe ou qualquer outra coisa que você tenha proposto para seus jovens.
    b) *Desenvolver a seguinte pesquisa bíblica*: Jesus tem sentimentos como nós também temos. Ele não é diferente de nós. Nosso jeito de ser pode ser o mesmo jeito de Jesus.

Vaticano II:
— Sente alegria e preocupação: Lc 22,14; Jo 15,11.
— Comove-se diante da morte do amigo: Jo 11,34.

- Gosta de comer e beber: Mt 11,19; Lc 5,29; Mc 2,16.
- Entra na casa dos amigos: Jo 11,2.
- Trabalha como qualquer um, em uma aldeia perdida na montanha: Lc 3,23.

Medellín:

- Briga com Pedro: Mt 16,23.
- Fica revoltado: Jo 2,13-17; Mt 21,12-13.
- Gosta muito de festa: Lc 2,41.
- Aceita convites com facilidade: Lc 11,36.
- Experimenta a fome e a necessidade: Mt 4,1-2; 8,22.
- O povo se identifica com Ele: Mt 21,1-11; Mc 1,37.

Puebla:

- Reclama quando ofendido: Jo 18,19-23.
- Compadece-se do povo: Mt 9,35-36;15,32.
- Perdoa e não devolve mal por mal: Lc 23,34.
- Conhece e valoriza os trabalhos e as profissões: Jo 10,1-13; Mt 13,43.
- Homem do povo; identifica-se com o povo empobrecido: Mc 6,2-4; Lc 4,16-19.
- Ele fala para o povo: Mt 4,25; Lc 12,1; 8,40.

Francisco:

- Compadece-se do povo: Lc 7,13; Mt 18,27.
- Sente com a dureza do coração do povo: Jo 11,34; Lc 19,41.
- Desconfia das aparências externas: Lc 20,20; Jo 2,23-25.
- Valoriza os trabalhos e as profissões: Lc 15,8; Mt 13,1-36.
- O povo se identifica com Ele: Mt 13,55; Lc 8,40.
- Ele fala como o povo, não como os professores e as autoridades: Mc 12,37; Mt 7,28-29.

Nossa Senhora Aparecida:

- Ele é capaz de se admirar das pessoas: Mt 8,10-12; 15,28.
- Ele se angustia diante da morte: Lc 22,39-44.
- Gosta de casamento: Jo 2,1.
- Valoriza os trabalhos e as profissões: Mt 13,33.
- O povo se identifica com Ele: Mt 21,1-11; Lc 6,17.
- Ele age em favor do povo: Mc 3,20; 6,21; Mt 3,21.

Nota: Cada grupo estudará seus textos com calma e tentando aprofundar ao máximo. Alguém do grupo vai anotando as opiniões de todos para que, posteriormente, elas sejam conversadas no plenário que se estabelecerá com esse propósito.

TAREFAS

Cada grupo preparará um teatro cujo tema será: *Jesus se parece conosco. Nós somos parecidos com Jesus?* Tudo será feito a partir de algum fato comunitário ou local ou nacional acontecido naquela semana: *Como Jesus teria reagido? Como Ele teria se comportado?* (Fato noticiado por rádio ou televisão.) Não ultrapassará dez minutos.

O plenário se desenvolverá assim:
– cada grupo diz o que conversou;
– cada grupo apresenta seu teatro.
Momento de palavra livre: os participantes podem conversar e tirar conclusões para a própria vida; caso queiram cantar ou fazer preces também podem.

OBSERVAÇÕES GERAIS

1. Toda a parte de horários e atividades estará preparada para que tudo transcorra com tranquilidade e paz.
2. Os momentos de lanche e almoço também.
3. Para depois do almoço, pode-se gastar um tempo com *jogos e atividades recreativas* para a descontração do grupo.
4. Deixar um tempo para que o grupo converse depois dos jogos; é o momento de aprender com os jogos.
5. A Eucaristia de encerramento será bem-preparada; fechar com chave de ouro o trabalho do dia. Uma equipe será designada para isso.

E assim, querido catequista, encerramos o 'Jesus é 10! Pré-crisma'. Entre em contato conosco pelo endereço william.brini@hotmail.com, no caso de dúvida ou se quiser fazer um intercâmbio de experiências conosco. Até o próximo JESUS É 10! CRISMA. Um bom trabalho para todos.

REFERÊNCIAS BIBLIOGRÁFICAS

ARANI, Ahnert Pieri. *O Divino Espírito Santo em nossa vida* (Coleção Vinde, adoremos). São Paulo: Ed. Paulinas, 1998.

BRINI, William Alves. *Meu caminho com Jesus – II* (Catequese Crismal). São Paulo: O Recado Editora, 1993.

_____. *Não é brincadeira!* Jogos na catequese. São Paulo: O Recado Editora, 2004.

_____. *Jesus é 10!* Manual de jogos. Aparecida-SP: Editora Santuário, 2004.

Catecismo da Igreja Católica. Ver site: http://www.catequista.net/catecismo.

CONFERÊNCIA NACIONAL DOS BISPOS DO BRASIL (CNBB). *Fortalecidos no Espírito* (Encontros de formação de coordenadores e catequistas de crisma). São Paulo: Edições Paulinas, 1998.

DATLER, Frederico. *Sinopse dos Quatro Evangelhos.* São Paulo: Ed. Paulinas, 1986.

DE MIRANDA, D. Antônio Afonso. *O que é preciso saber sobre a Crisma.* Aparecida-SP: Editora Santuário, 2003.

ESTUDOS DA CNBB número 61. *Orientações para a Catequese de Crisma.* São Paulo: Edições Paulinas, 1991.

FURBETTA, Pe. Carlos. *Em nome do Pai, do Filho e do Espírito Santo – Crisma.* São Paulo: O Recado Editora, 1998.

JOÃO PAULO II. *Carta encíclica "Dominum et vivificantem" (112).* São Paulo: Ed. Paulinas, 1998.

KATER, Alaice Mariotto. *Convidados para o Banquete – Culinária da Época de Jesus.* São Paulo: Ave-Maria, 2010.

THIVOLLIER P. *E Ele viveu entre nós.* São Paulo: Ed. Paulinas, 1974. Tradução de Maria Luiza Néri e adaptação de Pe. Hugo de V. Paiva.

DEPARTAMENTO DE CATEQUESE. *Novena do Espírito Santo.* São Paulo: Paulinas, 2002.

LOUVADO SEJA NOSSO SENHOR JESUS CRISTO!